나는 우씨왕후다

1판 1쇄 인쇄 | 2025년 11월 6일
1판 1쇄 발행 | 2025년 11월 13일

지 은 이 | 윤선미
펴 낸 이 | 천봉재
펴 낸 곳 | 일송북

주   소 | 서울시 성북구 성북로 4길 27-19
전   화 | 02-2299-1290~1
팩   스 | 02-2299-1292
이 메 일 | minato3@hanmail.net
홈페이지 | www.ilsongbook.com
등   록 | 1998. 8. 13(제 303-3030000251002006000049호)

고
대

두 번의 왕후 자리로 고구려에 승부수를 던지다

나는 우씨왕후다

윤선미 지음

알콘북

나는 세 명의 왕을 모신
왕후이자 태후였다

무릇 왕이란 하늘이 내리는 자리라고 했다. 내가 산
상왕을 택한 것은 하늘이 가납한 것이니, 그 대를
이은 왕들이 우리 역사상 가장 위대한 고구려를 만
든 것이야말로 나의 공적이라 할 수 있을 것이다.

- 우씨왕후가 독자에게 -

한국을 만든 인물 500인을 선정하면서

일송북은 한국을 만든 인물 5백 명에 관한 책들(5백 권)의 출간을 기획하여 차례대로 펴내고 있습니다. 이는 긍정적이든 부정적이든 우리 역사에 뚜렷한 족적을 남긴 인물들의 시대와 사회를 살아가는 삶을 들여다보고 반성하며, 지금 우리 시대와 각자의 삶을 더욱 바람직하게 이끌기 위해서입니다. 아울러 한국인의 정체성은 무엇인가를 폭넓고 심도 있게 탐구하는, 출판 사상 최고·최대의 한국 대표 인물 콘텐츠의 보고(寶庫)가 될 것입니다.

한국 인물 500인의 제목은 「나는 누구다」로 통일했습니다. '누구'에는 한 인물의 이름이 들어갑니다. 한 인물의 삶과 시대의 정수를 독자 여러분께 인상적·효율적으로 전할 것입니다. 무엇보다 지금 왜 이 인물을 읽어야 하는가에 충분히 답해 나갈 것입니다.

이번 한국 인물 500인 선정을 위해 일송북에서는 역사, 사회, 문화, 정치, 경제, 국방, 언론, 출판 등 각 분야의 전문가들로 선정위원회를 구성했습니다. 선정위원회에서는 단군시대 너머의 신화와 전설쯤으로 전해오는 아득한 상고대부터, 아직도 우리 기억에 생생한 20세기 최근세까지의 인물들과 그 시대들에 정통한 필자를 선정하고 있습니다.

우리는 지금 최첨단 문명시대를 살고 있습니다. 인터넷으로 실시간 글로벌시대를 살고 있으며 인공지능 AI의 급속한 발달로 인간의 정체성마저 흔들리고 있음을 절감하고 있습니다.

이러한 때일수록 인간의, 한국인의 정체성이 더욱 절실히 요구되고 있습니다. 그 정체성은 개인과 나라의 편협한 개인주의나 국수주의는 물론 아닐 것입니다. 보수와

진보 성향을 아우르는 한국 인물 500인은 해당 인물의 육성으로 인간 개인의 생생한 정체성은 물론 세계와 첨단 문명시대에서도 끈질기게 이끌어나갈 반만년 한국인의 정체성, 그 본질과 뚝심을 들려줄 것입니다.

차 례

왜 우씨왕후인가?

서기 197년 5월의 어느 날 밤, 고구려의 역사가 뒤바뀌는 일대 사건이 일어났다!

다름 아닌, 고구려 제9대 임금인 고국천왕(故國川王)의 왕후 우씨(王后 于氏)에 의해서다.

고국천왕이 급작스레 승하하였다. 왕후는 이 사실을 알고 있는 이들 모두에게 함구를 명한 뒤, 밤이슬을 맞으며 궁 밖으로 나섰다. 다음 임금을 모시기 위해서였다. 당장 그녀에게는 남편의 죽음을 애도하는 일보다 살아남는 것이 더 중요했다.

그녀는 먼저 고국천왕의 첫째 아우인 발기를 찾아가 그의 마음을 떠보았다. 이어 둘째 아우인 연우에게로 갔다. 우씨는 두 왕제 중 연우를 선택하였고, 그를 데리고 궁으로 돌아왔다. 또한 고국천왕의 유조라고 거짓을 공표하여 연우를 왕위에 올렸다. 그리고 그와 혼인하여 왕후 자리에 올랐다. 두 왕의 재위기에 두 차례나 왕후 자리에 오른 것이다.

참으로 드라마틱한 이야기다. 남편이, 그것도 한 나라의 임금이 승하하였는데 왕후는 이 사실을 숨긴 채 다음 왕을 정하겠다고 궁 밖을 나섰다. 이어 두 명의 왕제를 두고 저울질하여 첫째가 아닌, 둘째 왕제를 왕위에 앉혔다. 고국천왕에게는 아들이 없었다. 일반적으로 왕위 승계에서는 부자 상속이 우선이었으나, 고구려는 형제 상속 또한 빈번한 나라였다. 제3대 대무신왕의 아우 민중왕이 그러했고, 제6대 태조대왕에 이어 왕위에 오른 이도 아우인 차대왕이었으며, 그 뒤를 이어 그 아우인 신대왕이 왕위에 올랐다. 고구려 후기에도 제26대 영양왕의 다음 왕은 아우인 영류왕이었다.

이렇듯 왕에게 마땅한 아들이 없거나, 태자의 나이가 어릴 때에는 왕의 형제 중에서 한 사람이 서열에 따라 왕위에 오르는 일이 종종 있었다. 그런데 첫째 동생인 발기의 왕위 계승이 유력하였음에도 결국은 왕후의 선택에 의해 둘째 아우인 연우에게 자리가 돌아갔던 것이다. 그렇게 연우는 고구려 임금 자리에 올랐다. 고구려 제10대 왕인 산상왕(山上王)이다.

이 사건은 결과적으로야 성공적이었지만, 실패했다면 역모로 목숨을 보전할 수 없는 매우 위험천만한 일이었다. 그럼에도 우씨왕후는 왜 그렇게 무모한 행동을 한 것일까? 왕이 유조를 남기지 못하고 급사한 상황이라면 제가회의를 통해서 다음 왕위 계승자를 임금으로 옹립하는 절차를 치르는 것이 관례였건만, 그녀는 어떤 이유로 자신이 직접 나서서 새 왕을 모시고 선왕의 유조라고 거짓을 공표하였을까?

참으로 담대하다. 그리고 그녀의 선택은 틀리지 않았다. 왕위 계승 1순위자였던 발기는 자신이 밀려나고 아우인 연우가 왕이 되자, 왕위에 오르고자 왕성을 에워쌌다.

내란을 일으킨 것이다. 그리고 자신을 옹호하는 세력이 없다는 사실을 깨달은 후에는 외세를 끌어들여 왕위를 되찾으려고까지 하였다. 왕위를 빼앗긴 분한 마음에 행한 짓이라고는 하나, 외세를 불러오면 그 대가가 분명하다. 도움을 준 세력에 빚을 갚아야 하며, 그들이 원하는 대가를 치러야 한다. 자칫 다시 그들과 싸워서 이기지 않는 한, 자주국으로서의 권위가 크게 상실될 수도 있는, 한 나라의 국운을 건 매국 행위였다. 다행히 발기의 난은 진압되었고 그는 자살로 생을 마감하였다.

물론 우씨왕후의 선택이 절체절명의 순간에 국가를 위해서 행한 결정이라고는 결코 말할 수 없다. 그녀를 두고 나라에 헌신했다, 큰 업적이 있다고 말할 수는 더더욱 없다. 왕이 나라를 잘 다스릴 수 있도록 올바른 조언과 내조로 일생을 바친 지혜로운 양처라고 말하기도 난처할 정도다. 역사서에는 그녀의 행동이 단순히 개인적인 위기를 모면하기 위해 계략을 성공시킨 정도로만 기술되어 있다.

사실 이는 자신뿐 아니라 자신의 출신 부족인 연나부

의 생존까지 걸린 문제였을 뿐이다. 감히 왕후의 친척들이 전횡하여 왕의 노여움을 산 사건이 있었다. 왕이 이들을 소환하려고 하자, 그들 부족은 연합하여 반란을 일으키기까지 하였다. 고국천왕은 이를 평정하였고 이를 빌미로 얼마든지 연나부 일족을 몰살시킬 수도 있었다. 왕후를 폐위시키고 다른 왕후를 들일 수 있는 충분한 명분이 되었다. 그러나 고국천왕은 그리하지 않았다. 그 이유는 정확히 알려진 바가 없다. 다만 그런 이유로 명림답부 이후, 부족 연맹 국가인 고구려의 다섯 개 부족 중에서 최고의 위세를 과시하던 연나부는 한순간에 무너질 수밖에 없었다. 왕후가 수를 쓰지 않는 한, 다시는 일어설 수 없는 지경에까지 이르게 되었다. 그녀의 선택은 어쩔 수 없는 숙명이었던 셈이다.

우씨왕후는 순간적인 기지를 발휘하여 역모나 다름없는 큰일을 감행했고, 결국은 이뤄냈다. 형사취수제(兄死娶嫂制)를 빌미 삼아 다시금 왕후의 자리에 올랐고 그 자리를 공고히 했다. 연나부는 그로 인해 살아남을 수 있었으며 이후 왕후 배출 부족이라는 타이틀을 거머쥐고 승승장구하게 되었다.

그럼에도 후대의 평가는 매우 부정적이다. 특히 조선 시대 실학자인 안정복(安鼎福)의 역사서 『동사강목(東史綱目)』에서는 그녀를 이렇게 평가하고 있다.

"간악하고 음탕하며 부끄러움 없기가 고금 천하에 이뿐이다."

비판을 넘어서 그녀의 행동이 비교할 수 없을 만큼 부도덕하고 악랄할 뿐 아니라, 그야말로 입에 담기조차 수치스러운 행위였다는 평가다. 그러나 그녀가 왕을 선택한 것에 크게 문제가 있다고 볼 수는 없다. 고구려의 역사에는 여성의 역할이나 등장이 거의 드러나지 않으니, 유일하게 남은 사례라고 할 수도 있을 것이다. 하지만 남존여비 의식이 뚜렷했던 조선에서야말로 왕이 폐위되거나, 문제가 있을 때마다 대비가 왕을 옹립하는 데 강한 영향력을 행사한 예가 심심찮게 보인다. 인종이 승하하자 자신의 아들 경원대군(명종)을 왕위에 올려 수렴청정한 문정왕후가 그 대표적인 예다. 고구려와 같은 시기의 신라, 혹은 이후 고려에서도 그러한 예가 여러 차례 있었다. 즉,

그만큼 왕후의 영향력은 오히려 왕의 사후에 왕실의 제일 큰 어른으로서 더욱 강력하게 작용할 수 있었다는 것을 의미한다.

그렇다면 그녀가 첫 번째 남편의 사후에 그의 아우와 혼인한 것이 문제라는 의미일 것이다. 하지만 그녀가 과연 당대의 관습에 위배되는 행동을 했던가? 그 시기에는 가능했던 취수혼을 후대의 문화적 잣대에 맞춰 평가하는 것이 옳은 것인가? 같은 고대사, 특히 신라 왕실 내에 팽배했던 근친상간, 사통과 비교해도 크게 문제될 것이 없지 않은가.

생각해 보라. 왕조가 사라지고 자유민주주의 국가가 된 오늘날, 과거 전제 왕권 시대에 기득권층이 자행한 폭압을 어떻게 평가해야 하는가? 역사 속의 왕들이 누렸던 당연한 절대 권력, 피지배계층에 대한 양반들의 강압적이고도 폭력적인 권리 행사, 칠거지악으로 희생당한 여성들의 비애를 그저 비인간적이고, 부조리하며, 부당한 횡포라고 질타해야만 옳은 것인가? 조선 말 단발령에 항거하여 신체발부 수지부모(身體髮膚 受之父母)하기 위해 머리카락 대신 목을 내민 이들을 어리석고 융통성 없는 사람으로만 치부해야 하는가? 그렇게 오랜 시간 내려온 사회적 관습에 순응하고 그 속에서 어떻게든 살아내야 했던 사람들을, 세상 돌아가는 꼴도 모르는 무능한 인간으로만 치부해야 옳은가?

자신이 살기 위해서라고는 하나, 우씨왕후는 위기의 순간을 기회로 역이용하여 자신의 삶을 개척하고 역사를 바꾼 인물이다. 고대에 살았던 여인으로서 모든 상황을 스스로 결정하고 결행한 과단성 있는 리더십이 놀라울 따름이다. 또한 그로 인해 산상왕을 거쳐 그 아들인 동천왕을 세움으로써 외세의 침입에 적극적으로 항거할 수 있는 발판을 만들었다. 그렇게 나라를 지켜내는 데 일조하였으니 이것이야말로 그녀의 업적이라 할 수 있지 않을까?

어차피 고국천왕에 이은 차기 왕재였던 발기는 성정이 포악하고 부박(浮薄, 천박하고 경솔함)하다고 평가받던 인물이었다. 그런 류의 인물이 고구려의 왕위에 올라 임금 자리를 제대로 보전했던 적은 없다. 우리 현대사에는 많은 정적과 국민들을 학살하고도 꿋꿋이 천수를 누리다가 죽은 정치인이 있었지만, 고구려는 달랐다.

고구려 초기의 왕 중에는 패악을 떨다가 부하에게 죽임을 당한 왕이 둘이나 있었다. 제5대 모본왕(慕本王)이 폭거를 일삼다가 자신의 시중을 들던 두로에게 시해당했다. 제7대 차대왕(次大王) 또한, 조카를 죽이고 충언하는 무당마저 죽이는 등 신하들의 입을 틀어막고 폭정을 일삼다가 백성이 견디지 못한다는 이유로 신하였던 명림답부(明臨答夫)의 손에 시해당했다. 이후에도 제14대 왕인 봉상왕(烽上王)은 기근으로 나라가 어려운 상황에서도, 궁궐을 증축하는 등 나라 살림과 백성들을 돌보지 않다가 자신이 세운 국상 창조리(倉租利)에게 폐위되어 결국은 자결하기에 이르렀다. 폭군이라고 말할 수는 없으나, 실리는 챙기지 못하고 당나라에 낮은 자세로 외교하던 제27대 영류왕(榮留王) 또한, 연개소문에 의해 몸이 다섯 토막으로 잘려 구덩이에 던져지는 처참한 최후를 맞았다. 이렇듯 고구려는 국가적 차원에서 위해가 될 만한 패악한 왕들을 결코 용납하지 않는 나라였다. 물론 왕을 폐위하고 그 자리에 오른 왕과 그 대를 이은 자손들이 자신들의 쿠데타를 정당화하고 미화하려는 역사적 간섭이 있었을 것이라는 추측도 얼마든지 가능하다.

다만 당시의 기록이 거기까지인 만큼 우리의 판단으로는 이만저만한 상황을 해석하고 유추하는 데 한계가 있다. 기록을 무시하고 역사를 장담할 수는 없기 때문이다. 물론 후대 사학자의 신랄한 독설과 비판 또한 자신의 시대에 맞는 평가일 뿐이니, 참고하되 객관적인 시선으로 재판단해야 한다.

멸족의 위기에 처한 연나부를 지키고, 스스로 살아남은 우씨왕후. 더하여 다음 대 왕을 선택하고 또 한 번의 왕후 자리까지 차지하면서 권력의 중심에 서게 된 그녀는 위기를 기회로 역전시킨 승리자로서, 태평시대를 이끈 왕을 보좌한 왕후로서, 새로운 시대를 연 왕을 만든 킹메이커로서 충분히 재평가될 수 있을 것이다.

1장

기마국 고구려, 그리고 그 혈통에 대한 의문

『후한서(後漢書)』에 이르기를, "고구려는 요동(遼東)의 동쪽 천 리 밖에 있다. 남쪽은 조선(朝鮮)과 예맥(濊貊), 동쪽은 옥저(沃沮), 북쪽은 부여(夫餘)와 접경하여 있다. 그 나라의 넓이는 방 2천 리인데, 큰 산과 깊은 골짜기가 많으며 사람들은 산골짜기에 의지하여 산다. 농사지을 땅이 적어서 힘껏 농사를 지어도 식량을 자급하기에 부족하므로 음식을 아끼는 습속이 있다. 그러나 궁실은 잘 지어 치장한다. 동이(東夷)들이 서로 전하여 오기를 (고구려는) 부여의 별종이라고 하는데, 그러한 까닭으로 언어와 법칙이 매우 유사하다. 무릎을 꿇고 절을 할 적에 한 쪽 다리는 펴서 끌며, 걸을 때는 모두 달음박질을 치듯

빨리 간다."라고 하였다.

　고구려의 대략적인 지리적 위치, 주변국들과의 관계, 습속들을 유추해볼 수 있는 기록이다. 『후한서』는 남북조 시대 송(宋)나라의 범엽(范曄)이 후한의 역사를 정리한 역사서다. 즉, 그 내용은 고구려의 초기 사정인 셈이다.

　고구려는 초기에 왕을 중심으로 5개 부족의 우두머리인 대가들이 모인 제가회의를 통해 정치를 하는 일종의 연맹 국가였다.

　당시 5부족에 대해서는 역사서마다 조금씩 다른 이름이 등장한다. 중국 서진(西晉)의 관리였던 진수(陳壽)의 역사서 『삼국지(三國志)』 중 「위서」 동이전(魏書 東夷傳)에는 계루부(桂婁部)·연노부(涓奴部)·절노부(絶奴部)·순노부(順奴部)·관노부(灌奴部) 이렇게 5개의 부족이 있다고 기술되어 있다. 또 다른 중국의 역사서인 『후한서』, 『한원(翰苑)』, 『신당서(新唐書)』에는 이 중 하나인 연노부가 소노부(消奴部)라고 기록되어 있기도 한다. 학계에서는 연(涓)과 소(消)의 한자가 비슷하여 생긴 오기로 보고 통상적으로 소노부라고 부른다.

이와는 달리, 고려의 김부식 등이 편찬한『삼국사기(三國史記)』에는 비류나부(沸流那部)·연나부(椽那部)·관나부(貫那部)·환나부(桓那部)라는 부족명이 등장한다. 시대에 따라 명칭이 바뀌었는지, 어느 쪽의 오기인지는 정확히 알 수가 없다. 다만,『삼국사기』에서 우씨왕후가 제나부(提那部) 출신이라고 단 한 차례 그 명칭을 언급하는 데 반해, 그녀와 같은 부족이라고 알려진 명림답부를 연나부 출신이라고 하는가 하면, 고국천왕 대에 반란을 일으킨 우씨왕후의 친척인 어비류와 좌가려 또한 연나부라고 하였다. 이에 따라 제나부와 연나부는 동일하다고 할 수 있다. 그 전까지 제나부라고 부르다가 연나부로 이름이 바뀌었을 수도 있고, 이 또한 오기일 수도 있다.

연나부는 우씨왕후 이후에도 제12대 중천왕의 왕후인 연씨, 13대 서천왕의 왕후인 우수(于漱)의 딸 우씨 등 왕후를 계속해서 배출하였다는 기록이 있다. 그 외 명림답부 이후, 그와 성씨가 같은 명림어수가 국상으로 등장하는 것으로 보아 그 또한 연나부 출신으로 판단된다. 그렇게 연나부의 대표적인 성씨로 우씨, 연씨, 명림씨가 기록에 등장하는데, 왕후와 국상을 연거푸 배출한 부족인 만큼 그 위세가 대단했음을 알 수 있다.

물론 중천왕의 왕후 연씨의 경우, 성씨가 '연'이 아닌, 그저 연나부 출신을 의미한다는 주장도 있다. 또한 중국 사료인 『삼국지』에는 '절노부'가 대대로 왕실과 혼인하였다는 기록이 있기에, 중국 기록의 절노부 또한 연나부와 동일하다고 볼 수 있겠다.

이러한 방식으로 연결시켜 본 결과, 비류나부는 중국 기록의 소노부와 같고, 관나부는 순노부, 환나부는 관노부에 해당하는 것으로 나타났다. 계루부는 왕을 배출한 부족으로, 서로 명칭이 같다.

여기서 계루부를 제외한 부족의 이름에 등장하는 노(奴) 또는 나(那)는 부족 수준의 사회적 단위를 가리키는 말이다. 특히 나(那)는 하천 유역을 뜻하는 천(川)과 같은 의미를 지닌다. 여타 고대 문명이나 국가가 그러하듯, 고구려 또한 하천을 중심으로 부족을 형성하고 살았을 것으로 추정할 수 있는 대목이다. 추모왕(鄒牟王)이 나라를 일으킨 곳도 졸본부여가 자리하고 있었던 비류수였다.

졸본부여에는 이미 왕이 있었고, 비류수의 상류에도 송양(松讓)이 왕으로 있던 비류국(沸流國)이 존재하고 있었다.

때는 B.C. 37년, 동부여에서 온 추모가 졸본부여의 왕위를 양위받고 국호를 '고구려'라고 칭한 직후의 일이다.

비류수에 떠내려 오는 채소의 이파리를 발견한 추모 왕이 강을 거슬러 올라갔다가 상류 지역의 비류국을 다스리고 있던 송양을 만났다. 서로 통성명을 하는데 추모는 자신이 천제의 아들이라고 말하였다. 이에 송양이 추모에게 이렇게 답하였다.

"우리는 여러 대에 걸쳐서 왕 노릇을 하였고, 땅이 작아서 두 왕을 품기 어렵다. 그대는 도읍을 정한 지 며칠 되지 않았으니 우리의 부용(附庸)이 될 수 있겠는가?"

부용이란, 큰 나라에 작은 나라가 의탁한다는 의미이니, 송양이 추모에게 그의 나라를 식민지로 만들겠다고 말하는 내용이었다. 그러나 당시 22세의 나이로 왕위에 오른 혈기 방장한 추모가 이를 받아들일 리 만무했다. 추모는 송양과 활쏘기로 재주를 겨뤄 이겼고, 결국 다음 해에 송양은 추모에게 나라를 바치게 되었다. 추모는 송양에게 그의 영지를 다스리게 하면서 그곳을 다물도(多勿都)라고 이름하였다. 이를 통해 비류나부는 송양의 나라인 비류국에서 비롯된 부족이라고 추정할 수 있다.

서기 3세기 이후에는 부족들의 우두머리인 대가들이 중앙 귀족화되었다. 제9대 왕인 고국천왕 대의 일이다. 계루부 등 5부족의 명칭이 내부(內部)·서부(西部)·북부(北部)·동부(東部)·남부(南部)로 바뀌면서 고구려의 행정구역으로 자리 잡게 되었다. 그러나 이때의 5부가 왕권 중심의 중앙집권 체제를 강화하기 위한 각 부족의 행정 구역화가 아닌, 단순히 왕성을 중심으로 동서남북의 방위적 특징을 지닌 행정구역이라는 주장도 있다. 초기부터 존재했던 5부족과 고국천왕 이후에 등장하는 5부는 전혀 다른 맥락에서 생각해야 한다는 의미다.

필자는 전자일 가능성이 크다고 본다. 이유는 단순하다. 이후 부족명 대신 행정구역명이 등장하게 되면서 중앙집권화에 따른 행정상 구역이 생겼다고는 하지만, 그로 인해 부족 공동체가 사라진 것은 아니기 때문이다.

일반적으로 고구려의 왕은 '태왕(太王)'으로 불렸다고 알려져 있다. '태왕'이라는 명칭은 중국의 천자·황제와 같은 의미로 왕 중의 왕을 뜻한다. 제후국이나, 황제의 나라를 섬기는 소국이 결코 아닌, 중국과 대등한 처지에서의 독자적인 명칭인 것이다. 기록상 〈광개토대왕릉비〉에 처음 이 단어가 등장하며 제19대 광개토대왕(廣開土大王)을 국강상광개토경평안호태왕(國罡上廣開土境平安好太王)이라고 하였다. 또한 북제(北齊) 때 위수(魏收)가 황제의 명에 따라 편찬한『북위서(北魏書)』에는, 제20대 장수왕(長壽王)이 북위에 보낸 외교 문서에서 자신을 '고구려 태왕'이라고 칭하였다는 기록이 있다. 물론 그 이전인 고국천왕 대에 왕권을 강화하여 중앙집권화가 확립되었기 때문에, 선대 왕들의 칭호보다 더 위대한 '태왕'이라는 단어를 이미 사용하고 있었을 것이라는 주장이 있다. 그러나 이를 입증할 만한 확실한 사료는 없다. 기록에 남아 있지 않기에 이전부터 사용했을 것이라는 추측은 할 수 있으나, 확신은 할 수 없다.

대부분의 사람은 고구려가, '해'씨였던 추모왕이 나라

를 세우면서 성을 '고'씨로 바꾸고, 이후 그의 자손 대대로 700년의 역사를 이어온 것으로 알고 있다. 그런데 그와 다른 주장이 있고, 그 증거로 제시되고 있는 기록이 『삼국지』 「위서」 동이전에 남아 있다.

"본래는 연노부(소노부 또는 비류나부)에서 왕이 나왔으나 점차 미약해져서 지금은 계루부에서 왕위를 차지하고 있다."

이 기록에서의 '지금'이란, 사서의 편찬 시기로 미루어볼 때 제11대 왕인 동천왕 대를 의미한다. 이는 고구려 초기 왕들의 성이 '해'씨였다는 주장과 맞물린다. 그 주장에 따르면, 모본왕 대까지는 추모의 직계 혈통이기에 '해'씨 성을 썼으며 태조대왕 대부터 '고'씨 성을 쓰게 되었다는 것이다. 이유인즉, 태조대왕이 대무신왕의 친자가 아닌 '별자'로, 추모왕의 어머니인 유화부인이 동부여의 왕인 금와왕과의 사이에서 낳은 아들 해소의 자손이라는 것이다.

역사 작가인 정재수는 자신의 저서 『우리가 알지 못하는 고구려사』에서 이에 대해 자세히 설명하고 있다.

해소는 딸 갈사를 낳았고, 그 갈사가 대무신왕의 차비가 되었다. 그러나 갈사가 왕이 아닌 다른 이와의 사이에서 낳은 아들이 있으니 그가 바로 재사(再思)이며, 재사의 아들이 바로 태조대왕이라는 주장이다. 즉, 재사가 추모와는 부계 혈통이 다른 대신, 모계인 유화부인의 자손이기에 그 아들인 태조대왕 대부터는 동부여 계통의 혈통으로 왕위를 이은 셈이고, 이때가 성씨를 '고'씨로 바꾼 시점이라는 견해다.

그러나 이 주장에는 상당한 무리가 따른다. 『삼국사기』에는 왕의 혈통이 바뀌었다는 기록이 없으며, 중간에 비류나부에서 계루부로 바뀌었다는 기록이 있는 『삼국지』에서조차 성씨가 바뀌었다는 내용은 없다. 게다가 『삼국사기』에서는 태조대왕에 대해 "유리왕의 아들 고추가 재사의 아들이다. 어머니 태후는 부여 사람이다."라고 하였다. 『후한서』에서는 태조대왕이 대무신왕의 아들이라고도 하였다. 역사가 신채호 또한, 대무신왕의 후손으로 기록하고 있다. <광개토대왕릉비>에는 광개토대왕이 추모 - 유류왕(유리왕) - 대주류왕(대무신왕)을 이은

17대손, 즉 추모의 직계 자손이라고 기록되어 있다. 중간에 끼어 있는 태조대왕 역시 추모왕의 직계 혈통이라는 의미다.

아무리 손이 귀한 왕족이라 할지라도 부계 혈통으로 왕위를 잇는 것만이 당시에는 정통으로 여겨졌다. 간혹 신라를 모계 혈통 세습이 중요한 나라였다고도 말하지만, 이 역시 아버지와 어머니가 모두 성골인 경우에만 왕위에 오를 수 있다는 초기 왕위 세습 제도에서 파생된 주장일 뿐, 결과적으로는 부계 세습이 기본이었다.

만약 태조대왕이 추모왕의 직계가 아닌, 어머니 유화부인을 통해 이어지는 동부여계, 즉 금와왕의 혈통이었다면 고구려의 왕위에 오르기는 결코 쉽지 않았을 것이다. 친부라 주장하는 '해모수'도 '해'씨요, 양부인 '해부루' 또한 '해'씨였던 추모왕은, 새로운 나라를 건국하면서 부러 '고'씨로 성을 바꾸었다. 그럼에도 불구하고 다시 또 그다음 왕부터 '해'씨 성을 사용하여 대를 이었다는 것은 설득력이 부족해도 매우 부족하다. 또한 태조대왕이 유화부인과 동부여의 금와왕 혈통이라고 한다면 더더욱 그들은 '

해'씨여야만 한다. '고'씨로 바꿀 이유가 없다는 얘기다.

또 다른 반론의 예를 들어보겠다. 성씨가 바뀌었다
는 주장의 예시로,『삼국사기』와『삼국유사』의 기록을 드
는 경우다.

『삼국사기』에는 초기 고구려의 임금과 왕족의 휘에 '
해'라는 이름이 많이 등장한다. 유리왕의 태자였던 해명,
제4대 민중왕의 휘인 해색주, 제5대 모본왕의 휘는 해우,
또는 해애루라고 하였다. 그리고『삼국유사』왕력 편에서
는 아예 유리왕, 대무신왕, 민중왕의 성씨가 해씨라고 적
시하기까지 하였다.

그런데 휘(諱)의 의미가 무엇인가? 휘는 임금이나, 선
왕, 조상 등 돌아가신 이의 생전 이름을 이르는 말이다. 이
때 쓰는 휘에는 성을 붙이지 않는 것이 기본이다. 즉, 광개
토대왕의 휘를 담덕이라고 부르는 것 등이 그 예다. 굳이
따지자면 위에 언급했던 임금의 휘에 '해' 자를 사용한 것
은 추모가 자신의 성을 '고'씨로 바꾸기 전의 성이 '해'씨였
기에 상징적 의미로 썼을 가능성이 크다. 즉,『삼국유사』
에서 몇몇 초기 왕의 성씨를 해씨라고 적시한 것은,『삼국

사기』에서 왕의 휘에 붙어 있는 '해'를 성으로 해석하고 기록한 『삼국유사』의 오역으로 볼 수 있다는 것이다. 『삼국사기』외에도, 그 이전에 집필된 중국의 역사서인 『위서』, 『북사』, 『수서』에도 "(추모가) 나라 이름을 고구려라고 하고 인하여 '고'를 성씨로 삼았다"라는 기록이 있으니 더더욱 그러하다.

그 외에도 시호가 상징하듯 태조대왕을 고구려 왕조의 시조로 보는 주장도 있다. 앞선 5대 왕들은 고구려의 상징성, 신성성, 유구한 역사성을 강조하기 위한 상징적 장치라는 것이다. 추모 - 유리왕 - 대무신왕 - 민중왕 - 모본왕이 이후에 창조된 인물이거나 이미 존재하고 있었던 고구려의 근간이 되었던 부여계 부족국가에 군림하였던 임금들이었을 것이라는 주장이다.

이 부분에 대해서는 개인적으로 큰 이견은 없다. 그 주장을 옹호하지도, 부정하지도 않는다. 다만, 앞서 언급하였던 『삼국지』의 기록대로 왕실 혈통이 비류나부에서 계루부로 바뀐 것이 사실이라면, 그 시점이 태조대왕 대가 아닌, 추모왕 대일 것이라고 추측된다. 왕을 배출한 비류나부는 송양의 나라 비류국을 이르는 것이고, 송양의 나라를 복속시킨 추모왕은 소서노의 졸본부여를 이어받은 계루부 세력이라고 생각할 수 있는 것이다.

고구려 이전, 만주 지역에 널리 퍼져 있던 부여국은 여러 개의 부족을 아우른 초기 고대 연맹체적 국가로 시작하였다. 그러나 원(原)부여에서 갈라져 나온 여러 부족이 강력한 자치권을 행사하면서 다시 여러 개의 부족국가로 성장하였다. 해모수의 북부여, 해부루의 동부여, 연타발의 졸본부여, 송양의 비류국 등 크고 작은 부여계 부족국가들을 통틀어 하나의 부여라고 보는 것이다.

이러한 의미에서 고구려는 그 부족국가들의 일부 통합으로 건국되었다고 할 수 있다. 추모왕이 북부여의 왕 해모수의 아들인 동시에, 동부여의 왕 해부루의 양자라는 부분은 왕족으로서의 정통성을 의미한다. 이어 졸본부여의 공주인 소서노와 혼인하여 왕위를 양위받고 비류국까지 합병하였다는 것은 정통성에 부합한 왕이 또 다른 부족국가들을 합병하여 고구려를 세웠다는 '대통합 시나리오'인 셈이다. 즉, 비류국 송양은 추모에게 나라를 바친

후, 고구려의 일개 부족인 비류나부의 수장이 되었고, 추모에게 나라를 넘긴 졸본부여야말로 왕을 배출하는 부족 즉, 계루부로 자리 잡은 것이라 할 수 있다.

고구려 초기의 5부족 중 특히 계루부, 비류나부, 연나부의 수장인 대가에게는 '고추가(古雛加)'라는 칭호가 따로 붙었다. 왕을 배출한 왕족의 부족인 계루부, 독자적으로 종묘를 조성하고 제사를 지냈다는 비류나부, 왕후를 배출한 부족인 연나부의 위세는 특별한 예우로 칭호를 받을 만큼 강력했다는 의미다.

관리들에게는 상가(相加)·대로(對盧)·패자(沛者)·주부(主簿)·우태(優台)·승(丞) 등의 관등이 차례로 주어졌다. 『후한서』「동이열전」 고구려 조에는 고구려 초기에 8개의 관등이 있다고 하였고, 『삼국지』「위서」 동이전에서는 10개의 관등으로 나누기도 하였다. 4세기 장수왕 대에 행해진 평양 천도 이후, 행정 조직과 관등 조직이 정비되면서 수상인 대대로(大對盧)·태대형(太大兄) 등 10여 개의 관등으로 명칭이 바뀌었다.

특히 중국 당 고종 5년(660년), 당시의 역사가 장초금(

張楚金)이 저술한 『한원(翰苑)』고려기(高麗記)에는 더 자세한 기록이 남아 있다. 고구려 후기에 대한 기술로 보이며 9개의 관등 중에서 1품에 해당하는 대대로에 대한 자세한 기록이 있다.

기록에 따르면, 대대로는 3년마다 교체하였다고 한다. 물론 현직 대대로보다 직에 더욱 걸맞은 자가 나타나면 연한에 구애받지 않고 바꿀 수도 있었다. 혹여 이에 승복하지 않는 이가 있다면 군사를 이끌고 서로 다투어 승자를 대대로로 삼았다. 이때 왕은 궁문을 닫아걸고 귀족 간의 싸움에 간여하지 않았다. 이를 통해 고구려 후기에는 대대로가 고구려 최고의 권력 실세로 정치 일선에 나서면서 왕권이 상대적으로 약화되었음을 알 수 있다.

대대로 다음으로는 정2품에 해당하는 태대형, 울절(종2품), 대부사자주(정3품), 조의두대형(종3품)의 관등이 이어졌고 이러한 5개 관등은 나라의 기밀을 관장하고 정사를 모의하며 병사와 말을 징발하고 관작을 수여하는 임무를 수행하였다. 그 외에도 대사자(정4품), 대형가(정5품), 발위사자(종5품), 상위사자(정6품), 소형(정7품), 제

형(종7품), 과절(정8품), 부절(종8품), 선인(仙人, 종9품)
이 있었다.

한편 고구려 후기에는 정치를 비롯한 군권까지 총괄
하는 '막리지(莫離支)'라는 특별한 관직이 존재하였다. 당
나라의 중서령(中書令)과 병부상서(兵部尙書)의 직을 겸
임한 것과 같은 직책이라고 할 수 있다. 막리지는 3년마다
선임하였는데 대대로처럼 한 명이 아닌, 여러 명으로 짐
작된다. 다만 고구려의 마지막 왕인 보장왕 대의 장수이
자 최고 권력자였던 연개소문의 집권기에 이르러서는 이
를 통괄한 '대막리지'라는 직책이 생기면서 그 자신이 그
직책을 평생 맡게 되었다. 그리고 그 아들 대에 '태대막리
지'라는 과장된 명칭으로 이름을 다시 한번 바꾸면서 실
질적인 최고 권세를 누렸다. 그러나 이 또한 2대에서 끝난
일이며 막리지라는 관직에 대해서는 이견이 분분하다. "
제1관등인 대대로의 또 다른 이름이다." 혹은 "제2관등인
태대로가 관등의 자리를 넘어 별칭으로 불리게 된 것이
다."라는 등의 주장이 있다.

2세기 고국천왕 대에 5부족 연합 체제에서 5부(5개 지

방 행정구역 - 내부, 동부, 서부, 북부, 남부) 체제로 개편되었다는 주장에 대해 앞서 설명한 바 있다. 5부 또한 각각의 대가가 통치하였다. 대가들은 각자 그 밑에 사자, 조의, 선인을 거느렸으며 그 명단은 모두 왕에게 보고하여야 했다. 가신의 의미와 같다고도 볼 수 있는데 이러한 대가의 가신들도 제가회의에서만큼은 왕의 사자, 조의, 선인과는 같은 열에 앉지 못했다.

각 부에는 여러 개의 성(城)이 있었다. 각 부의 장을 욕살(褥薩), 각 성의 장을 처려근지(處閭近支) 또는 도사(道使)라고 불렀다. 그들은 일종의 지방 장관으로 관리와 군대를 거느리고 있었으며 그 지역의 행정권과 군사권을 행사하였다. 그 외 특수행정구역인 평양성(平壤城)·국내성(國內城)·한성(漢城)은 삼경(三京)이라고 하였다.

군사제도를 살펴보면, 대모달(大模達), 말객(末客) 등이 군의 수장이 되어 지휘를 맡았음을 알 수 있다. 특히 대모달은 어느 시기부터 마련된 직책인지는 알 수 없으나, 고구려 무관 최고의 관직으로 알려져 있다. 종3품 조의두대형 이상의 관등에 오른 자만이 그 자리를 맡을 수 있었다.

그러한 관제 외에도 고구려에는 대표할 만한 관습이 여러 가지 있었다. 고구려는 부여에서부터 이어져 내려온 형사취수제, 순장 등의 습속뿐 아니라, 데릴사위제라는 혼속과 동맹이라는 제천 행사 등 다른 고대 국가와 비슷하면서도 다른 풍속이 시행되었다. 특히 형사취수제는 형이 죽으면 그 아우가 형수와 혼인하여 그 처자식을 거두는 풍속으로, '우씨왕후'가 대표적인 사례로 기록되고 있다. 마지막 고구려 순장 제도의 사례로는 '동천왕의 죽음'을 들 수 있는데 이에 대한 자세한 내용은 본문에서 다시 설명하기로 하겠다.

추모왕이 세우고, 후대 왕들이 개척하고

고구려는 우리나라 역사상 가장 진취적이고 자주적이며 중국의 그 어느 나라와도 대등하게 맞설 만큼 강대했던 나라다. 부여와 같은 예맥족이 중심이었으며, 추모왕이 졸본부여의 왕위를 양위받아 세운 나라다. B.C. 37년에 건국되어 A.D. 668년에 멸망할 때까지 705년의 유구한 역사를 자랑한다.

고구려에는 사당을 지어 추앙하는 두 명의 인물이 있었으니, 시조인 추모왕과 그의 어머니인 유화부인이었다. 하백(河伯)의 딸이었던 유화부인은 임신한 상태에서 동부여의 금와왕에게 재가하였다. 이어 그 나라에서 추모를 낳았다. 추모는 자신의 친부를 북부여의 왕인 해모

수라고 주장하였지만 평생 마주한 적은 없다. 활을 잘 쏘아서 주몽이라는 별칭이 붙었다.

금와왕의 일곱 왕자 중, 태자 대소는 추모의 뛰어난 재주를 시기하여 죽이려고 하였다. 추모는 동부여를 도망나와 비류수가의 부족국가였던 졸본부여에 자리를 잡았다. 당시 졸본부여의 왕은 연타발(延陀勃)이었다. 추모는 연타발의 차녀인 소서노(召西奴)와 혼인하여 졸본부여의 왕위를 양위받게 되었다.

추모가 졸본의 왕위를 양위받는 과정을 다르게 해석하기도 한다. 애초에 연타발에 이어 왕위에 오르기로 내정되어 있었던 이는 소서노였다. 그러나 소서노가 첫 남편인 우태와 혼인하면서 정작 왕위를 양위받은 이는 우태였다. 우태가 졸본보다 강한 나라였던 동부여의 왕 해부루의 서손이었으며, 금와왕의 이복형제였기 때문이다. 그리고 우태가 승하하면서 소서노가 여군의 자리에 올랐으나, 추모와 두 번째 혼인을 하면서 또 다시 자신의 왕위를 추모에게 양위하게 되었다는 주장이다.

필자는 이미『나는 소서노다』에서 후자에 대해 언급한

바 있다. 정사의 내용과 다소 배치되는 부분이 있기는 하나, 해석에 따라 충분한 가능성이 있다고 여겨 그러한 주장에 힘을 실었다.

이렇게 졸본부여의 왕위를 양위받은 추모왕은 자신의 '해'씨 성을 '고'씨로 바꾸었고 졸본을 도읍으로 삼아 새 나라 고구려를 세웠다. 도성은 흘승골성(訖升骨城)이었다.

추모왕은 소서노와 혼인하기 전에 이미 동부여의 예씨 부인이라는 여인을 만나 임신시킨 바 있었다. 그는 동부여를 도망쳐 나오면서 예씨에게 이렇게 말했다.

"사내를 낳으면 칠릉석 위의 소나무 밑에 숨겨둔 나의 유물을 찾아오게 하라"

예씨는 아들을 낳았고 이름을 유리라고 지었다. 유리는 아비가 기둥 밑에 숨겨두었던 부러진 칼을 찾아내어 추모왕의 나라로 향했다. 유리를 만난 추모왕은 그를 자신의 아들로 받아들였고, 왕이 그 해(B.C. 19년)에 승하하자, 뒤를 이어 유리가 왕위에 올랐다. 이때, 추모왕의 정식 왕후였던 소서노는 전 남편이었던 우태와의 사이에서 태어난 두 아들인 비류와 온조를 데리고 남하하여 백제를 세우게 된다.

고구려의 제2대 임금이 된 유리왕(琉璃王)은 재위 11년(B.C. 9년), 부분노의 계략을 받아들여 변방 세력인 선비족을 공략하였고 그들을 복속시켰다. 그러나 동부여의 위협이 계속되자, A.D. 3년 도읍을 국내성으로 옮기고 산성인 위나암성(尉那巖城)을 쌓았다. 이후 동부여 금와왕의 장자인 대소가 군사들을 이끌고 침공하자 이를 격퇴하였는데, 이때 셋째 아들인 무휼(無恤)이 큰 공을 세웠다.

유리왕은 다시 군사 2만으로 또 다른 예맥계 부족 집단인 양맥(梁貊)을 쳤으며, 한사군 중 하나인 고구려현(高句麗縣)을 빼앗는 등 영토 확장에 힘을 쏟았다. 재위 36년(A.D. 18년)에 승하하였으며 첫째 아들 도절이 요절하고, 둘째 아들 해명은 이미 자살하였기에 무휼이 왕위에 올랐다. 무휼이 바로 제3대 고구려 왕으로, '큰 전쟁의 신'을 뜻하는 대무신왕(大武神王)이다. 나면서부터 총명했고, 장성해서는 더 영특해져 큰 지략을 지닌 인물이 되었다고 전해진다.

당시 동부여는 대소왕이 다스리고 있었다. 대소왕은

유화부인의 아들인 추모와 동부여에서 함께 자랄 때부터 이미 그를 경계하여 죽이려고까지 하였던 인물이다. 그런 대소왕이 A.D. 20년 10월에 대무신왕에게 붉은 까마귀를 선물로 보냈다. 머리는 하나요, 몸은 둘인 기이한 새였다.

대소왕이 처음 이 새를 얻었을 때 누군가가 이렇게 말하며 그를 부추겼다.

"까마귀는 원래 검은 것인데 지금 이것이 변하여 적색이 되고 또 머리 하나에 몸이 둘이니 (이는) 두 나라를 아우를 징조입니다. 왕께서 혹 고구려를 합병하실지도 모르겠습니다."

이에 고무된 대소왕은 이 기이한 새를 대무신왕에게 보내면서 누군가의 말을 함께 전달하였다. '곧 너의 나라를 합병할 것이다'라는 오만한 경고의 의미였다. 그러나 이에 응하는 대무신왕의 태도는 의연했다.

"검은 것은 북방의 색인데 지금 (이것이) 변하여 남방의 색이 되었으며, 또한 붉은 까마귀는 상서로움을 의미하는데 이를 취하지 않고 나에게 보냈으니 양국의 존망을 어찌 알겠는가?"

대소왕은 이에 놀라면서 까마귀를 보낸 것을 몹시 후회하였다. 그리고 예언처럼 실제로 그 일이 벌어졌다. 대무신왕이 재위 5년(A.D. 22년)에 동부여의 남쪽으로 종군하였으며, 드디어 대소왕을 죽이고 동부여를 멸망시켰던 것이다.

이후에도 대무신왕은 개마국을 복속시켰는데, 이 소식을 전해들은 구다국은 스스로 나라를 들어 고구려에 항복하였다. 개마국은 당시 존재하였던 소국 중 하나로,『후한서』동이전에는 "오늘날 함경도 해안 지역에 터를 잡았던 동옥저가 개마대산 동쪽에 있었다"라고 기록되어 있는 것으로 보아, 동옥저의 서쪽에 위치했을 것으로 추정된다. 구다국 또한 개마국의 복속에 영향을 받아 스스로 항복하였다 하니, 그 주변에 자리했을 것으로 추정할 수 있다.

대무신왕은 인재를 다루는데도 탁월했다. 을두지, 송옥구 등 재신들과 부정씨, 괴유, 마로 등 유능한 인재들을 등용하여 내치와 정벌에 힘을 쏟았다.

대무신왕 재위 11년(28년), 한나라의 요동 태수가 군사를 이끌고 고구려를 침략하였다. 이때 우보 송옥구는 항전을 주장하였으나, 좌보 을두지가 이를 반대하며 농성을 주장하였다.

"신이 헤아리건대 한나라 병력이 고구려 병력보다 훨씬 많습니다. (아군의 수가 적으니) 모략으로 칠 수는 있으나 실력으로는 이길 수 없습니다. 큰 적이라도 맹렬하게 싸우면 능히 제압할 수 있습니다."

대무신왕은 을두지의 진언을 받아들였고 위나암 성문을 닫아 걸은 채 수십 일 동안 농성하였다. 한나라군은 곧 성안의 물이 고갈될 것으로 예상하여 포위망을 풀지 않고 기다렸다. 위나암 성이 암반으로 이루어진 성이었기 때문이다.

이때 을두지가 기지를 발휘하여 해자에서 잉어를 잡아다가 수초로 싼 후 술과 함께 적장에게 보냈다. 적장은 성안에 아직 물이 있다고 여기고 단시일에 점령하는 것이 어렵다는 판단하에 퇴각하였다.

대무신왕과 차비(次妃, 둘째 왕비)인 부여 해씨와의

사이에는 왕자가 하나 있었다. 얼굴이 미려하여 대무신왕이 매우 사랑한 까닭에 '호동'이라고 불렀다. 호동은 옥저에 유람하러 갔다가 낙랑국 최리를 만나 그의 딸 낙랑공주와 혼인하였다. 그러나 이는 호동이 낙랑국을 복속하려는 계획하에 의도적으로 최리에게 접근하여 성사된 일이었고, 결국 낙랑국은 호동에게 이용당한 낙랑공주의 배신으로 멸망하였다. 이 이야기는 정사인 『삼국사기』에 전하며 호동왕자와 낙랑공주의 '자명고'와 관련한 애절한 로맨스로, 후대에 드라마, 영화, 국극, 뮤지컬, 발레 등의 소재로 재탄생하였다.

대무신왕 24년(37년)에도 왕이 낙랑을 정벌하였다는 기록이 또 한 번 등장한다. 두 낙랑은 고구려 같은 왕 대에 해당하는 두 개의 기록으로, 오기라고 보는 경우도 있겠으나, 각기 다른 낙랑이라고 보는 것이 학계의 정설이다. 최리의 낙랑국은 옥저의 한 부족국가로 보는 한편, 이후 등장하는 낙랑은 한사군의 하나였던 낙랑군이라는 것 외에도 그 위치에 대해서는 여러 주장이 있다.

이렇듯 대외적인 정복 사업에서 큰 성과를 거둔 대무

신왕이었지만, 낙랑국을 복속시키는 데 혁혁한 공을 세운 호동의 자살로 인해 왕으로서, 아비로서 오점을 남기고 말았다. 이는 첫째 부인인 원비의 모략 때문이었다.

"폐하, 호동이 신첩을 예로써 대접치 아니하니 아마 신첩에게 음란한 마음을 품고 있는 것이 아닌가 합니다."

대무신왕은 이 해괴한 참소를 믿지 않았다. 그러나 원비는 울면서 다시 한 번 참소하였고 결국 호동은 자살로 자신의 결백을 증명하였다.

이후 재위 27년(40년) 9월에는 후한의 광무제에게 낙랑을 빼앗겨, 살수 이남을 다시 잃는 사건도 있었다. 왕이 같은 해 10월에 승하하니 대수촌원에 장사지냈다.

대무신왕을 이은 다음 왕은 제4대 민중왕(閔中王)이다. 원비의 아들이자 태자였던 해우의 나이가 어린 탓에, 대무신왕의 아우인 해색주가 왕이 되었다. 특이할 만한 업적은 보이지 않으며 즉위한 지 5년 만에 승하하니, 그가 생전에 바라던 대로 석굴에 장사를 지냈다.

이어 대무신왕의 원자인 해우가 왕위에 오르니 곧 제5대 모본왕(慕本王)이다.

『삼국사기』에서는 "위인이 사납고 어질지 못하여 국사를 잘 살피지 못하므로 백성들이 원망하였다"라고 평가하였다. 재위 기간이 6년밖에 되지 않았지만 성정이 날로 포학해졌다는 기록 또한 보인다.

기록에 의하면, 모본왕은 매양 사람을 깔고 앉고, 누울 때는 사람을 베개 삼아 누웠다가 움직이면 죽였다. 또한 간하는 자가 있으면 활을 당겨 쏠 정도였다고 하니 사서에 남아 있지 않은 흉포한 짓을 다 미루어 짐작할 수 없을 정도다. 그렇게 우리 역사상 최초의 폭군으로 알려져 있는 모본왕은 재위 6년(53년) 11월, 자신을 시측(侍側, 곁에 있으면서 웃어른을 모심)하던 두로에게 시해당했다. 언젠가 자신도 해를 입을 것을 두려워한 두로가, 왕이 자신을 깔고 앉자 칼을 뽑아 죽인 것이다.

물론 모본왕이 폭군이었다는 부분에 대한 반대의 주장도 있다. 그의 재위 초기 모습이 말년의 기록과는 상반되었기 때문이다. 모본왕 2년(49년) 봄, 왕은 장수를 보내어 후한의 북평, 어양, 상곡, 태원을 침습케 하였고, 요동 태수 채동이 용서를 구해오자 다시 화친을 맺었다. 현재의 북경에 해당하는 북평 등, 중원의 주요 도시를 침략할 정도로 뛰어난 군사적 역량과 배짱, 요동 태수로부터 사죄를 받아낼 정도의 외교적 능력을 발휘하였다는 의미다. 게다가 같은 해 8월에는 나라에 큰 기근이 들자 사자를 보내어 기민을 구제하는 등 선정을 베풀기도 하였다.

이를 통해 모본왕이 남아 있는 역사서의 기록에서처럼 흉포한 군주가 아니었을 수도 있다는 주장이 나온다. '그러한 뛰어난 정치적 역량을 발휘한 그가 어떻게 4년 만에 그런 폭정을 저질렀을까' 하는 의문 때문이다. 혹자는, 그 사이 기록에는 없지만 무언가 왕의 심기가 바뀔만한 특별한 사건이 있지 않았을까 주장하기도 한다. 또는 다음 왕으로 태자 익이 아닌 태조대왕이 왕위에 오르면서 왕위 승계의 정당성을 강조하기 위하여 모본왕을 폭군으로 왜곡하여 기록하였을 것이라는 주장도 있다.

역사는 승자의 기록이기도 하다. 주장은 주장일 뿐, 후대인들은 기록을 기반으로 이해할 수밖에 없다. 다만 옳고 그름을 떠나 의구심이 드는 부분은 분명히 있다는 의미다.

모본왕이 죽자, 재신들이 대무신왕의 손자(혹은 유리왕의 6번째 아들)인 재사(再思)를 왕으로 세우려고 하였다. 그러나 정작 재사 본인은 나이가 많음을 이유로 이를 사양하였다. 여기에서 등장하는 재사는, 추모왕이 고구려를 건국할 당시 개국공신이었던 재사와 한자마저 같으나 동명이인이다. 앞서 그 혈통의 여러 주장에 대해서 설명한 바 있다.

　결국 재신들은 재사의 아들 궁(宮)을 맞이하여 왕으로 삼았다. 바로 고구려가 5부족 연맹 국가 체제에서 벗어나 왕 중심의 강력한 중앙 집권적인 고대 국가로 전환되는 기틀을 마련한 제6대 태조대왕이다.

고구려의 기틀을 다지다

태조대왕은 나면서부터 능히 눈을 뜨고 볼 줄 알았고 출중하였다고 전해진다. 그러나 어린 나이인 7세에 등극하였기에 어머니인 부여태후의 수렴청정으로 재위를 시작하였다. 태조대왕은 주변국들에 대한 꾸준한 정복 사업과 후한과의 전쟁을 통해 강대국으로서의 입지를 다졌기에 우리 역사상 광개토대왕, 세종대왕, 정조대왕 등과 함께, 우리 역사상 '대왕'이라는 호칭이 붙은 몇 안 되는 군주 중 한 명이 되었다.

태조대왕 4년(56년) 7월, 동옥저 정벌을 시작으로 그의 정복 사업은 막이 올랐다. 당시 국경을 개척하니 동으로는 창해(동해), 남으로는 살수에 다다랐다.

재위 20년(62년)에는 대왕이 관나부 패자 달가를 보내 조나를, 22년(64년)에는 환나부 패자 설유를 보내어 주나를 치게 하였다. 또한 주나의 왕자 을음을 사로잡아 고추가로 삼았다. 조나와 주나는 '나'를 썼던 것으로 보아 고구려 5부족에 속하지 않는 주변의 소부족 세력으로 추정된다.

이후에도, 갈사왕의 손자인 도두왕이 나라를 들어 항복하였다. 갈사왕은 동부여국 대소왕의 막내아들이다. 그는 대소왕이 대무신왕에 의해 죽음을 맞았을 때, 100여 명의 부하를 이끌고 피난하였다. 이어 압록곡에서 해두국왕을 죽이고 그곳에 갈사국을 세웠다. 그의 손자인 도두왕은 호동의 어머니인 해씨 부인과 남매지간이기도 하다.

태조대왕 재위 53년(95년)에는 장수를 보내어 요동의 6현을 침략하였다가 도리어 요동 태수 경기의 군사에게 대패하고 말았다. 이후 재위 69년(111년)에는 유주 자사 풍환, 현도 태수 요강, 요동 태수 채풍 등이 군사를 거느리고 고구려를 침략하였다. 이때 예맥의 우두머리인 거수가 격살되었고 병마와 재물을 빼앗겼다. 이에 대왕은 아우 수성(遂成)에게 군사 2,000여 명을 주어 적을 막아내게 하였다. 수성이 거짓 항복으로 적들을 속이고 군사 3,000명을 보내어 공격하니 그들의 성곽을 불 지르고 2,000여 명을 죽이거나 사로잡을 수 있었다. 이어 대왕이 직접 선비족 8,000여 명을 이끌고 나아가 요대현을 공격하였는데 이에 맞서던 요동 태수 채풍이 신창에서 싸우다가 죽었다.

이처럼 태조대왕은 적을 무찌르고 영토를 넓힌 용맹한 왕이기도 하거니와, 현명한 자와 효도하는 이들을 천거케 하고 어려운 백성들을 진휼하는 등 자애로운 선정을 베푼 명군이었다.

그 외에도 태조대왕에 대한 기록에는 기이한 동물이 유난히 많이 등장한다. 재위 7년(59년)에 왕이 고기잡이를 구경하다가 붉은 날개가 달린 백어를 얻었는가 하면, 재위 25년(67년)에는 부여 사신이 세 뿔 사슴과 긴 꼬리 토끼를 바쳤고, 재위 53년(95년)에 다시 부여 사신이 길이가 1장 2척, 털의 색이 매우 투명하나 꼬리가 없는 범을 헌상하였다. 사냥하다가 자색 노루를 잡았으며 동해곡 태수가 꼬리 길이가 9자인 주표를 바쳤다는 기록 또한 보인다. 어디에서도 보기 힘든 신이한 동물들인 만큼 그의 업적이나 대왕으로서의 면모를 신성화하기 위한 장치라고 볼 수도 있겠다.

태조대왕은 말년에 아우인 수성이 왕위 찬탈을 노리고 있음을 알게 되었다. 이때 충신의 만류가 있었지만 결국 위를 수성에게 선양하였다. 146년의 일이었고, 당시 태조대왕의 나이는 100세였다. 7세에 즉위하였으니 재위 기간만 93년이다. 우리나라 역사상 재위 기간이 가장 길고 장수한 왕이며, 그만큼 업적도 많았다.

그런데 『삼국사기』와 『삼국유사』에는 태조대왕이 아우 수성에게 양위하고도 이후 165년(119세)에 승하할 때까지 별궁에서 살았다고 기록되어 있는 반면, 『후한서』에는 121년에 대왕이 죽고, 아우가 아닌 아들(서자) 수성이 왕위에 올랐다고 기록되어 있다. 물론 어떤 기록이 정확한지는 알 수가 없다. 수성은 제7대 임금인 차대왕이다.

차대왕은 태조대왕 대에 여러 전투에서 공을 세운 용

장이었다. 그러나 지나칠 정도로 사냥을 즐겼고, 즉위한 이후의 기록에는 선정을 베풀었다거나 공적을 세웠다는 기록이 별반 없다. 한참 늦은 나이인 76세에 즉위하였기 때문일 수도 있다. 『삼국사기』에서는 그 사람됨이 용장하여 위엄은 있으나, 인자함이 적었다고 평하였다.

애초에 태조대왕이 차대왕에게 선양하려고 하였을 때, 이를 필사적으로 반대한 이가 있었다. 우보 고복장(高福章)이다.

"수성의 위인이 잔인하고 어질지 못하니 금일에 대왕의 양위를 받는다면 명일에는 대왕의 자손을 해칠 것입니다. 대왕께서는 단지 어질지 못한 아우에게 은혜를 베푸실 줄만 알고 죄 없는 자손에게 후환이 생기게 하는 것은 모르시니 원컨대 대왕께서는 깊이 생각하소서."

그는 수성의 사람됨을 알아보고 태조대왕의 자식을 해할 수 있음을 경고하였다. 그러나 태조대왕은 그의 직언을 받아들이지 않았다. 차대왕이 즉위하게 되자 그 대가로 고복장은 죽임을 당했다. 당연히 태조대왕의 뒤를 이었어야 했던 대왕의 원자 막근 또한 죽임을 당했고, 그로 인해 자신에게 화가 미칠 것을 두려워한 그의 아우 막덕은 스스로 목을 매야 했다. 고복장의 예견이 맞아떨어진 셈이다.

차대왕의 잔인한 성정을 드러낸 또 다른 기록이 있다. 왕이 사냥을 나갔다가 백호가 뒤따르며 우는 것을 보고 무당에게 길흉을 물었다. 무당은 이와 같이 조언하였다.

"호랑이는 요사스러운 짐승으로 복되고 상서롭지 않습니다. 하물며 그것이 흰색이라 더욱 괴이한 일이라고 할 수 있으니 하늘은 간절히 말을 하지 못하는 대신 요괴로 보이는 것입니다. 이는 군주에게 공구수성(恐懼修省, 몹시 두려워하여 수양하고 반성함)하여 스스로 새로워지지기를 권하는 의미입니다. 만일 임금께서 덕을 닦는다면 화를 돌려 복을 이루게 할 수 있습니다."

충언이고, 마땅한 말이었다. 그러함에도 차대왕은 이를 받아들이지 않았다.

"흉하면 흉하고 길하면 길할 뿐이거늘, 먼저는 요사스럽다하면서 또 복이 될 수 있다 하니 이 무슨 거짓말이냐?"

차대왕은 무당마저 죽였다. 무당의 말대로 자신을 돌아보고 덕을 닦았다면 그의 말년에 비극은 없었을 것이다. 이후 대신들 중 옳은 말을 하는 사람이나 왕의 심기를 거스르는 행동을 하는 사람은 아무도 없었다.

급기야 재위 4년(149년)에 천문을 담당하는 일자는 오성(五星)이 동방에 모이는 것을 보고는 왕의 노여움을 두려워하여 거짓을 고할 수밖에 없었다.

"이는 임금의 덕이요, 나라의 복입니다."

차대왕 재위 20년(165년), 별궁에서 상왕으로 살던 태조대왕이 향년 119세로 승하하였다. 그리고 그 해 10월에 연나부의 조의 명림답부가 차대왕을 시해하는 사건이 벌어졌다. 왕의 학정에 백성이 견디지 못한다는 이유였다.

조선 후기의 실학자인 안정복은『동사강목』에서 이 점을 들어, 명림답부 자신에게 급박한 위기가 있었고, 권력 욕심 때문에 왕을 시해한 것이라고 기록하기도 하였다. 그런데 이 기록에서 "자신에게 닥친 위기"는 가능한 일이나, "권력욕으로 왕을 시해했다"라는 부분은 매우 이해하기 힘들다. 당시 명림답부의 관등이 10관등 중 9번째인

조의였다는 사실을 간과해서는 안 된다. 권력욕을 언급하기에는 상당히 무리가 있는 위치였다는 점이다. 대신 명림답부의 직위가 지척에서 왕을 모시는 하급 관료나, 호위 무사 정도였지 않을까 하는 추측을 할 수 있다. 폭군을 처단한다는 대의명분이나 권력욕이라기보다, 사사로운 앙심에서 비롯된 사건이 있었을 가능성이 오히려 크다는 의미다.

당시 차대왕의 이복동생인 백고(伯固, 또는 백구伯句)는 자신에게까지 화가 미칠 것을 두려워한 나머지 산골짜기로 도망한 상태였다.

백고는 태조대왕이 재위하던 시절, 수성에게 간한 바 있었다. 사냥에만 빠져 있는 수성에게 측근들이 계속해서 왕위 찬탈을 부추기고 있다는 사실을 알고 걱정하였기 때문이다.

"화복(禍福)은 (출입의) 문이 (따로) 없고 오직 사람이 불러들이는 것입니다. 지금 그대가 왕의 친아우로서 모든 벼슬아치의 으뜸이 되어 위와 공이 이미 극에 달하였으니 마땅히 충의를 마음에 새겨 잊지 아니하고 예의를 다하여 사양함으로써 사욕을 극복하여, 위로는 왕덕과 같이하고 아래로 민심을 얻은 후에야 부귀가 몸에서 떠나지 않고 화란이 일어나지 않을 것입니다. 지금 이러한 생각 없이 (한갓) 쾌락을 탐하고 근심, 걱정을 잊으려고만 하니 그대를 위하여 위태롭다고 여깁니다."

물론 당시 수성, 즉 차대왕은 "사람은 누구나 부귀·환락을 원하겠지만, 그것을 얻는 자는 만에 하나도 되지 않는다. 지금 내가 환락을 즐길 만한 자리에 있는데 능히 마음대로 하지 못한다면 장차 무엇에 쓰랴."라고 하며 진심 어린 백고의 충언을 마다하였다.

백고는 그만큼 성정이 곧은 사람이었다. 또 그만큼 중신들의 신뢰도도 높았다. 이 때문에 차대왕이 시해되자 좌보 어지류를 중심으로 여러 관료가 의논한 끝에 그를 왕위에 올리기로 하였다. 차대왕의 아들인 태자 추안이 있었는데도 그리 한 것이다.

어지류는 즉시 사람을 시켜 백고를 모셔 오도록 하였다. 그리고 백고 앞에 무릎을 꿇고 국새를 바치며 고하였다.

"선군이 불행히 돌아가셨고 그 아들이 있으나 능히 국가의 주인이 되지 못합니다. 무릇 인심은 어진 이에게 돌아가는 것이므로 삼가 머리를 조아리며 절하니 청컨대 대위에 오르소서."

백고는 처음에는 이를 받아들이지 않았다. 부복하며 여러 차례 사양하였다. 그러나 결국 그들의 뜻을 받아들여 등극하였다. 당시 그의 나이는 77세였으며, 그는 제8대 임금인 신대왕(新大王)이었다.

신대왕은 몸가짐이 영특하고 성품이 어질었다. 그 실례로, 추안이 도망하였다가 돌아와 죄를 청하자 그를 해하지 않고, 대신 누두곡의 두 곳을 주어 양국군으로 봉한 것을 들 수 있다. 그의 형인 차대왕이 선왕인 태조대왕의 아들과 신하까지 죽인 것과는 대조되는 모습이다.

왕은 최고 관직인 좌보와 우보를 통합하여 '국상'이라고 명명하였다. 이때 차대왕을 시해한 명림답부가 첫 국상 자리에 올랐다. 차대왕 시해 사건으로 명림답부가 권력을 잡았고, 그로 인해 왕에 버금가는 권력 실세로 자리 잡게 된 것이라고도 해석할 수 있다.

신대왕 재위 4년(168년)에는 현도군 태수 경림이 병력을 이끌고 침략하여 고구려군 수백 명이 죽었다. 왕은 항복하여 현도에 속하기를 청하는 굴욕을 자처했다. 이어 재위 5년(169년)에는 대가 우거와 주부 연인에게 현도 태수를 도와 부산(富山)의 적을 토벌하라고 명하기도 하였다. 부산의 정확한 위치는 정사의 기록에 없다.

그러한 노력에도 불구하고 신대왕 재위 8년(172년), 한나라는 대병을 이끌고 고구려에 다시 쳐들어왔다. 왕은 신하들에게 싸움과 수비 중 어느 것을 택해야 할지를 물었다. 중의(衆議)가 나아가 싸우기를 주장한 반면, 명림답부는 그와 다른 주장을 하였다.

명림답부는 성루를 높이 쌓고 들을 모두 비운 채 수성하면 적이 기곤(飢困, 굶주리어 고달픔.)하여 철수할 것이라는 주장을 펼쳤다. 이때 그가 주장한 전술이 바로 '견벽청야(堅壁淸野)'다. 말 그대로 벽을 견고히 하고 들을 깨끗이 비운다는 의미다. 고구려 말기 영양왕 대에 고구려를 침략한 수나라로부터 요동성을 지키기 위해 을지문덕 장군이 펼친 전술이기도 하다.

신대왕은 명림답부의 주장을 받아들여 성을 굳건히 지켰다. 군량을 확보하지 못한 한나라군은 명림답부의 말대로 성을 함락하는 데 실패했고 결국 굶주림 때문에 철수할 수밖에 없었다. 이때 명림답부가 기회를 놓치지 않고 수천 명의 기병을 이끌고 나아가 철수하는 적의 뒤를 쫓았다. 그 결과 좌원에서 대파하니 적은 한 필의 말도 건지지 못한 채 도망쳐야 했다. 이 전투가 바로 '좌원대첩(坐原大捷)'이다.

신대왕은 재위 12년(176년) 3월에 왕자 남무(男武)를 왕태자로 삼았다. 3년 후, 179년에 명림답부가 죽었다. 당시 명림답부의 나이는 113세였다. 왕은 그의 업적을 기려 친히 장례식에 참석하였고 크게 슬퍼하였으며 7일 동안 조회를 파하였다. 또한 예로써 질산에 장사지낸 뒤, 묘지기 20호를 두었다.

신대왕도 같은 해 12월에 승하하여 고국곡에 묻혔다. 이어 그의 아들 남무가 왕위에 오르니 그가 곧 제9대 임금인 고국천왕이다.

2장

우씨, 고국천왕의 왕후가 되다

　　고국천왕과 혼인하기 전까지의 우씨왕후에 대한 기록은 전무하다. 국상 명림답부의 권력에 힘입어 강대해진 연나부 출신 우소의 딸이라는 것 외에, 정사의 기록에는 이름도, 그 아비의 관등이나 관직도 남아 있지 않다. 명림답부가 죽기 전 그의 입김으로 이미 내정되었던 것으로 보이며 대가 정도의 지체 높은 가문의 여식이었을 것으로 추측할 따름이다.

　　고국천왕 재위 2년(180년) 봄 2월, 우씨를 세워 왕후로 삼았다는 기록이 그녀에 대한 첫 언급이다.

　　어떠하였을까?

우씨는 국내성으로 향하는 이 길이 달갑지만은 않았다. 고구려의 하늘인 왕의 여인, 왕궁의 안주인이 되기 위해 입성하는 길이었다. 왕을 내조해야 할 중임을 맡은 왕후로서 결코 부끄럽지 않은 자리가 되어야 한다고 매일 귀에 못이 박히도록 가르친 아버지 우소의 다짐이 그녀를 서글프게 했다.

아무리 백성들이 모두 우러러보는 영광된 자리에 오른다한들 무슨 의미가 있으랴. 얼굴 한 번 본 적 없는 왕이 세상을 다 준다한들, 온 마음을 다 주는 촌부의 사랑만 할까. 국내성의 높고 견고한 석벽이 가까워질수록 타고 있는 말의 고삐를 당기게 되는 이유였다.

이때 멀리 있는 성문이 쩌렁쩌렁한 소리를 내며 열리는 것이 보였다. 백마를 탄 장수 한 명이, 그녀와 그녀를 시위하는 군사들 쪽으로 뿌연 먼지를 흩날리며 달려오고 있었다. 다가올수록 장수의 체신이 매우 장대하다는 것을 알고 압도당했다.

잠시 후, 장수는 그녀의 앞에 멈추어 섰다. 찌를 듯한 그의 눈이 그녀의 어리둥절한 눈을 빤히 쳐다보았다.

"어가는 어쩌고 직접 말을 타고 온 게요?"

장수의 말투가 심상치 않았다. 나무라는 듯도 하고, 화가 난 듯도 했다.

'내가 누군지 알고 이리 말을 함부로 하는 겐가?'

그녀는 대답 대신 봉황의 꼬리처럼 위로 살짝 치켜 올라간 눈가에 힘을 주었다. 장수는 그치지 않고, 곁을 따르던 군사들을 둘러보며 고함을 쳤다. 그 소리가 어찌나 크던지 곡식 한 톨 남아 있지 않은 빈 벌판과 망망한 허공 위에 쩌렁쩌렁 울렸다.

"너희가 감히 왕후를 이리 허술히 모신 게냐?"

무관한 이들이 꾸지람을 듣는 소리에 그녀는 저도 모르게 목청을 높였다.

"내가 그리하겠다고 했소. 말을 탈 줄 아는데 어가가 왜 필요하겠소이까?"

그러나 주변의 모든 이가 일제히 말에서 내려 장수를 향해 조아리고 있는 모습에 깜짝 놀라고 말았다.

"황공하옵나이다, 폐하."

그제야 장수의 정체를 알아챌 수 있었다. 고구려의 태

양, 존귀한 추모왕의 후손, 왕 중의 왕, 자신이 곧 고구려 인 고국천왕이었던 것이다.

그녀의 당찬 대꾸에 잠시 멈칫하던 그가 큰 소리로 웃었다. 이어 말 위에서 펄쩍 뛰어내리더니, 그녀의 허리를 잡고 번쩍 들어올렸다. 그는 다시 한번 호탕하게 웃으며 말했다.

"내가 아주 대단한 왕후를 맞게 되었구려. 누가 감히 내 앞에서 그리 큰소리를 칠 수 있단 말인가?"

그 순간 그녀는 두려움에 앞서, 자신이 새털처럼 가볍게 하늘 위에 떠 있는 듯한 느낌이 들었다. 이 사람이 나의 낭군이 될 사람이라고 생각하니, 숨이 벅찰 정도로 심장이 빠르게 뛰었다.

『삼국사기』에서는 "임금의 키가 9척이고 모습과 자태가 훌륭하며 힘은 솥을 들어 올릴 만큼 세었다"라며 사내다운 늠름한 외양을 기술하였고 "일에 임해서는 경청하고 결단하며 관대함과 예리함을 적당히 지켰다"라고 그의 왕다운 면모를 칭찬하였다.

그런데 같은 문헌에서 '고국천왕 조'에 의구심이 드는 기록이 보인다. 선왕인 신대왕이 승하하였을 때 맏아들 발기(拔奇)가 어질지 못하다는 이유로 둘째 아들인 남무를 옹립하여 임금으로 삼았다는 기록이다. 이에 불만을 품은 발기가 소노부의 대가와 더불어 각각 하호 3만여 명을 거느리고 공손강에게 가서 항복하였다고도 하였다. 이후 다시 돌아와 비류수 가에서 살았다는 내용이다. 이 기록은 『삼국지』 「위서」 동이전의 기사를 인용한 것으로, 앞뒤의 정황으로 볼 때 큰 오류가 있다.

　　신대왕 승하 직후, 고국천왕이 등극한 해(179년)에 드러난 장남 발기의 행적이, 18년 후인 고국천왕이 승하하였을 당시(197년), 왕의 첫째 아우인 발기의 행적과 매우 흡사하다는 점이다. 후자의 내용인즉, 고국천왕에게 아들이 없었던 탓에 우씨왕후에 의해 왕의 둘째 아우인 연우(延優)가 왕위를 계승하였다. 그런데 이때 불만을 품고 반란을 일으킨 왕의 첫째 아우의 이름도 발기(發歧)다. 고국천왕의 형으로 등장하는 발기(拔奇)와는 한자가 다르다. 당시의 음차를 따져 발음이 달랐고 그래서 두 발기는 각기 다른 인물이었을 것이라는 주장이 있다. 그러나 고국천왕의 첫째 아우인 발기 또한 왕위를 빼앗겼다는 불만을 품고 요동 태수 공손도(公孫度)를 찾아가는 대목이 같은 문헌의 '산상왕 조'에 있다.

신대왕이 승하한 해는 서기 179년이다. 고국천왕의 맏형이라는 발기의 행적에서 등장하는 요동 태수 공손강(公孫康)은 공손도(또는 공손탁)의 아들이다. 아버지 공손도가 요동 태수가 되는 해를, 『삼국지』에서는 189년, 『후한서』에서는 184년이라고 각각 기술하였다. 그 뒤를 이어 공손강이 요동 태수가 된 해는 204년이다. 즉, 신대왕이 승하했을 때 첫째 아들이라는 발기가 찾아갔다는 공손강은 당시 요동 태수가 아니었다. 대신 고국천왕 승하 직후(197년), 남무의 아우 발기가 요동으로 달아난 시점에서의 요동 태수는 공손도가 맞다.

또한 이미 선왕인 신대왕 재위 12년(176년) 봄 정월, 여러 신하가 태자를 세울 것을 간청하여 왕자 남무를 왕태자로 삼았다는 기록이 있다. 태자가 정해졌다고 하여 그 태자가 반드시 왕의 뒤를 잇는다는 보장은 없었다. 문제는 이때 기록에는 첫째 아들이자 '고국천왕의 형'이라고 하는 발기에 대해 언급한 내용이 전혀 없다는 것이다. 장남인 그를 제치고 차남을 태자 자리에 올렸다면 앞서 그 이유, 최소한 장남을 제치고 차남을 태자로 삼았다는 것에 대해 언급한 내용이 있어야 한다.

이를 통해 『삼국사기』의 기록에서 오류가 있었거나 이전의 사료로 쓰였던 문헌들을 모아 기록하는 도중에 혼선이 생겼을 것으로 추측할 수 있다. 고국천왕이 신대왕의 첫째 아들이고 발기는 둘째 아들이었기에, 맏아들이 발기라고 한 것은 오기로 보는 것이다.

결정적 증거로, 『삼국지』에는 아예 고국천왕과 그 아우인 산상왕의 구분 없이 '이이모'라는 이름 하나만 등장하는 것을 들 수 있다. 고국천왕과 산상왕을 한 사람으로 인식하고 있다는 의미다. 『삼국지』를 비롯한 여러 사료의 내용을 종합하여 편찬된 『삼국사기』에, 특히 두 명의 발기가 등장하고, 왕좌에서 밀려난 것에 대한 불만으로 각기 요동 태수의 도움을 청하는 두 번의 흡사한 사건이 기록으로 남은 이유다.

184년, 고국천왕 재위 6년에 한나라 요동태수가 고구려를 침략하였다. 『후한서』의 기록대로라면 이때의 요동태수도 공손도다.

고국천왕은 요동군을 막기 위해 둘째 아우인 계수(罽須)를 장수로 삼아 군사를 보냈다. 즉, 고국천왕의 형제들은 그의 아래로 발기, 연우, 계수, 이렇게 이어진다고 볼 수 있다. 그러나 계수가 이 전쟁에서 요동군을 막아내지 못하고 패하였기에 결국 고국천왕이 직접 나서게 되었다. 왕은 몸소 날쌔고 용감한 기병들을 거느리고 나아가 좌원에서 크게 승리하였다. 베어진 적의 머리가 산처럼 쌓였다고 기록될 정도였다.

이때의 좌원은 선왕인 신대왕 당시 국상이었던 명재상 명림답부가, 후한의 대군과 싸워 대승을 올린 바로 그 좌원과 같은 곳이다. 물론 좌원이 지금의 어디인지는 정확한 위치를 알 수가 없다. 다만, 말 한 필도 살아 돌아가지 못할 정도로 후한의 대군을 완파한 명림답부에 이어, 같은 장소에서 고국천왕 또한 그에 못지않은 큰 승리를 거둔 셈이다. 명림답부의 좌원대첩을 제1차 좌원대첩, 고국천왕의 승리를 제2차 좌원대첩이라고 부르기도 한다.

이토록 용맹하고 뛰어난 장수이자, 중앙집권적 왕권을 성립한 고국천왕이었지만, 그 아내인 왕후 우씨 가문의 권력도 그에 못지않았던 것으로 보인다. 명림답부로 인해 막강해진 연나부의 위세를 등에 업고 왕후 자리에 오른 우씨의 친척 중에서 감히 왕에게 도전하려는 자가 있었기 때문이다.

외척의 반란

고국천왕 재위 12년(190년) 되던 해에는 다른 그 어느
해보다 서슬 퍼런 동장군이 일찌감치 북녘 땅을 덮었다.
산야에 울긋불긋 단풍이 지고, 누런 낙엽이 떨어져야 할
시기인 9월에, 눈이 여섯 자나 내렸다. 곡식을 미처 수확
하지 못한 농민들은 울상이 되었고, 얼어버린 밭작물마저
취하지 못해 배곯는 백성들이 부지기수였다.

이러한 기근으로 많은 백성이 고통을 겪고 있는 상황
에 왕의 심기를 건드리는 불편한 소문이 돌았다. 왕후의
권세를 등에 업고 갖은 패악질을 저지르는 외척이 있다는
소문이었다. 다름 아닌, 중외대부 패자 어비류와 평자 좌
가려의 자제들이었다.

중외대부라면 국상 다음 가는 고위 관직에 해당하였다. 패자는 고구려 초기의 관등 중 세 번째로, 이 또한 높은 신분이었다. 좌가려의 관직인 평자도 당시 임금을 보좌하던 대신급 벼슬에 해당하였다. 그들은 모두 연나부 출신이며 우씨왕후의 가까운 친척들이었다. 외척이자 임금을 지근거리에서 모시는 측근으로서 당시 엄청난 권력을 누리던 자들이었건만, 그 자식들이 백성들을 상대로 전횡을 일삼고 있다는 것이었다.

"폐하, 중외대부 패자 어비류와 평자 좌가려의 자식들이 백성들의 여식을 겁탈하고 토지와 집을 빼앗고 있사옵니다. 그들의 교만하고 사치한 전횡에 원망하고 분노하는 백성들이 도성으로 달려와 울부짖고 있사옵니다."

그동안 그들의 전횡을 알고 있음에도 그들의 권력, 왕후의 외척이라는 이유때문에 입에 올리지 못하고 있던 중신들이 한 입으로 성토하기 시작했다.

"그들의 죄가 하루 이틀의 일이 아니었던 만큼 중죄로 다스려야 할 것이옵니다."

"부디 그들의 죄를 물어 다시는 이런 일이 없도록 단

죄하시옵소서."

이를 전해들은 고국천왕은 대로하였다. 연나부의 권력이 지나치다 싶을 정도로 비대해진 것에 대해 불편함을 크게 느끼던 차에 일어난 사건이었기에 왕의 분노는 더했다.

"당장 죄인들을 잡아들여라. 또한 나라의 중책을 맡은 자로서 자식의 전횡을 눈감아준 그 아비들도 책임을 면할 수는 없을 터, 관련자들을 모두 잡아들이도록 하라. 그들의 죄를 엄히 다스릴 것이다."

명을 받은 사령들이 어비류와 좌가려, 그리고 죄인들을 잡기 위해 그들의 가택으로 달려갔다.

이때 우씨왕후가 제 일가의 반란과 연관되어 있었는지, 더하여 어떠한 태도를 보였는지에 대해서는 사서에 언급된 바가 없다. 추후 그녀가 아무런 처벌을 받지 않은 것으로 짐작하건데, 아마도 이 사건과는 무관한 것으로 여겨질 뿐이다. 다만, 그녀의 인척이 벌인 일이었다. 그녀가 일족을 대표하는 자리에 임하였기에, 그 죄의 엄중함에 따라 죄를 짊어질 수도 있었다. 그러한 이유로 권력을 등에 업고 전횡한 것도 부족해 왕의 지엄한 명을 어긴 제 일족에 대해 우씨왕후는 분노 이전에 두려움이 앞섰을 것이다.

"어비류와 좌가려의 자식들이 어찌 그런 짓을 했단 말인가? 어찌 그런 무도한 짓을 저질러 나와 우리 연나부를 곤경에 처하게 한단 말인가? 대체 그들이 무엇이 부족해서 백성들의 것을 빼앗았냐는 말이다."

그녀는 누구보다 고국천왕을 잘 알고 있는 사람이었다. 누구도 함부로 할 수 없는 권력의 중심에 서 있는 연나부 부족 내에서 일어난 일이라 할지라도, 공평무사하고 단호한 왕의 성정상 결코 이번 일을 가벼이 보지 않을 것이 분명했다.

그 와중에도 죄인들은 자신들의 죄를 인정하여 순순히 잡혀오기는커녕, 사령들을 내쫓고 사병을 동원하여 영지를 지켰다.

우씨왕후는 어떻게든 이 일을 수습하고자 했으리라. 방법이 무엇이었을까? 아버지 우소에게 연통하여 죄인들이 왕 앞에 자진 출두하여 용서를 빌 것을 청하지 않았을까?

　"아버님은 이 사달이 날 때까지 무엇을 하신 겁니까? 제가 왕후 자리에서 내쳐지기를 바라시는 겁니까? 당장 어비류와 좌가려, 그리고 그 자식들을 설득하여 폐하께 직접 죄를 빌라고 하십시오. 못하겠다고 하면 직접 잡아다가 왕궁으로 보내세요. 그것만이 우리 연나부가 살아남을 수 있는 길입니다. 저와 아버님이 살 길입니다. 더 이상 성심을 거스른다면 우리 부족의 어느 누구도 살아남지 못할 거라는 말씀입니다."

　하지만 우소라고 해서 딱히 방법은 없었을 것이다.

　"송구하옵니다, 왕후 마마. 소인도 그 젊은 것들이 아비의 권력을 등에 업고 백성들을 괴롭히고 있다는 소문을 익히 들어 알고 있었나이다. 혹여 대왕 폐하께서 이 소문을 알게 되실까, 그로 인해 왕후 마마께 누가 되는 것은 아닐까 우려하여 여러 차례 사람을 보내 자중해 줄 것을 요구한 바 있나이다. 하지만 나는 새도 떨어뜨린다는 그들의 위세는 연나부의 원로인 소인은 물론, 왕후 마마의 위신마저 생각지 않았나이다. 멈추지 않았나이다. 부디 대왕 폐하께 자비를 구하시옵소서. 왕후 마마의 목숨만이라도 보전하셔야 하옵니다."

우씨왕후는 온몸을 파르르 떨며 왕의 심기를 살펴야 했다. 스스로 오라를 감고나와 왕에게 죽여 달라, 죗값을 달게 받겠다고 해도 모자랄 판국에 세상을 호령하는 하늘의 명을 어긴 채 버티고 있다니 이는 결코 용납될 수 없는 일이었다. 죄인들의 그러한 오만방자한 행태에 분이 솟구칠 지경이었을 것이다. 이것이야말로 역모가 아니고 무엇이겠는가? 자칫 본인의 왕후 자리조차 위태로울 수 있는 절체절명의 위기였다. 왕후 자리는 명분만 있다면 언제든지 내쳐질 수 있었다. 그 명분, 지금 그것이 성립된 상태라고 여겨졌으리라.

고국천왕은 그녀가 예상했던 바대로 사령들이 전해온 소식을 듣고 대갈하였다.

"감히 짐의 명을 어기겠다고? 당장 죄인들의 목에 사슬을 묶어서라도 끌고 오라! 국문은 없다! 당장 목을 벨 것이다!"

이번에는 많은 군사를 보내 죄인들을 잡아 오게 하였

다. 그러나 이미 어비류와 좌가려는 역심을 품고 있었다. 연나부 내의 네 개 부족과 연합하여 반란을 일으킨 것이다.

다음 해(191년) 여름 4월, 어비류와 좌가려의 무리는 왕도를 공격하는 지경에까지 이르렀다. 고국천왕은 그 즉시 왕도 부근의 병마들을 징발하였다. 연나부의 권세에 계심(戒心, 마음을 놓지 않고 경계함)을 품고 있던 비류나부, 관나부, 환나부에서도 병마를 보냈다. 왕은 질풍노도처럼 군사들을 지휘하여 역도들을 평정하였다.

싸움은 의외로 쉽게 끝났다. 역도들의 무리 중에서 자진해서 가담한 이들보다 마지못해 끌려온 이가 많았기 때문이었으리라. 역모의 주동자인 어비류와 좌가려, 그들의 자식들을 비롯해 동조한 연나부 네 개 부족의 주동자들이 모두 처형되었다. 우씨왕후도, 그 아비도 무사하기 힘든 상황이었다.

우씨왕후는 머리를 풀고 대전 앞에서 눈물로 석고대죄라도 청해야 했을 것이다. 죽여 달라고 청하는 것 외에 방법이 없지 않은가. 연나부를 대표하여 스스로 죄를 짊어지는 것만이 아비와 부족을 모두 살리는 일이라고 여겼을 것이다.

"폐하, 소첩을 죽여주시옵소서. 소첩과 무관한 일이라고는 하나, 그들이 소첩과 같은 부족이자 친척인 것만은 분명한 사실이옵니다. 자신들의 권력을 이용하여 백성들의 등골을 빼먹은 것도 부족하여 감히 폐하께 역모를 꾀한 대역죄인들과 피를 나누었다는 것만으로도 죽어 마땅한 중죄가 될 것이옵니다. 부디 무고한 연나부의 백성들을 향한 칼을 거두고, 그 대신 소첩에게 큰 벌을 내리시옵소서."

고국천왕은 그런 우씨왕후를 보며 마음이 적잖이 착잡해졌으리라. 우씨왕후가 관련되지 않았으니, 그녀의 잘못이라고 할 수는 없었다. 그러나 그녀가 왕후 자리에 있어서 그들이 요직을 맡아 권세를 누릴 수 있었던 것도 사실이었기에 온전히 무관하다고 말할 수도 없는 일이었다. 물론 감정적으로는 얼마든지 죄과를 물을 수 있었다. 그럼에도 고국천왕은 우씨왕후를 내치지 않았다.

왕후는 역모 사건 이후에도 아무런 처벌을 받지 않았

고 책임도 전혀 지지 않았다. 대신 연나부 출신으로 막강한 권력을 쥐고 있던 부족이 일으킨 반역이었던 만큼, 그들 부족은 권력의 중심에서 밀려날 수밖에 없었다. 부족이 몰살되지 않은 것만도 다행이었다. 우씨왕후 또한 조용히 숨죽이고 있어야만 했다.

외척이 전횡하고 반역까지 꾀했다는 사실에 고국천왕은 기존의 5부족 연맹 체제를 쇄신해야 한다는 사실을 깨달았다. 5부족 연맹 체제에서 왕성이 있는 내부를 중심으로, 나머지 부족을 동, 서, 남, 북 4개의 부로 나누어 권력의 중앙 집권화를 꾀하였다. 또한 여타 부족의 권력 응집을 견제하기 위하여 새로운 인물, 자신을 보좌할 현명한 인재, 왕권을 공고히 할 수 있는 새로운 세력을 구하고자 하였다.

국상 을파소

고국천왕의 명이 떨어졌다.

"근자에 총애받는 바에 따라 관직이 주어지다 보니 직위가 덕행으로 승진되지 아니하여 그 해독이 백성들에게 미치고 우리의 왕가를 흔들어 놓았으니 이는 다 짐이 현명하지 못했기 때문이다. 너희 4부는 각 부에 현명하고 선한 사람을 천거하라."

『삼국사기』의 기록이다.

이때의 4부에서 제외된 것이 왕 자신의 부족인 계루부인지, 역모죄에 연루된 연나부인지에 대해서는 자세한 기록이 없다. 다만 역모를 진압한 직후에 내려진 명이었기에 바짝 긴장한 4부의 대가들은 왕의 성심에 부합한 인물을 물색하기 위하여 극도로 신중을 기해야 했다.

부족들마다 여러 인물이 물망에 올랐다. 누가 간택된다 하더라도 서로의 부족에게 위해가 되어서는 안 된다는 것이 긴박한 상황에서 동시에 떠올린 생각이었다. 결국 그들 모두 한뜻으로 동부 출신 안류를 천거하였다. 지혜롭되, 어느 부족에도 치우지지 않는 공평무사하고 명철한 성품 때문이었다.

"폐하, 각 부의 인재들을 모두 찾아보았으나 동부 출신 안류만큼 성심에 부합하고, 직임에 마땅한 이가 없다고 사료되어 그를 천거하나이다."

이에 고국천왕은 안류를 불러 국정을 맡기고자 하였다.

"4부의 대가들은 모두 이 나라 국정을 바로 세울 적임자로 그대를 천거하였소. 짐을 도와 국정을 살펴주기를 바라오."

그런데 안류는 이를 정중히 고사하였다.

"미천한 소신은 용렬하고 어리석어 본디 큰 정사에 참여하기에 부족하옵니다."

대신 다른 사람을 강력히 천거하였다.

"서압록곡 좌물촌에 사는 을파소라는 사람을 천거하나이다. 그는 선왕이신 유리왕의 대신, 을소의 후손으로 성품이 강직하고 과감하며 지혜롭고 사려 깊은 사람입니다. 다만 세상에 나와 쓰이지 못하니 농사에 전력하여 자급하고 있을 뿐이옵니다. 그런 인물인즉, 만약 폐하께서 나라를 잘 다스리고자 하신다면 이 사람이 아니고는 아니될 것이옵니다."

뜻밖의 상황에 고국천왕은 잠시 생각에 잠겼다. 그러나 곧, 모두가 신뢰하는 안류가 다른 이를 천거하였다면 그만한 이유가 있을 것으로 보고 이를 받아들였다. 고국천왕은 곧 을파소에게 사신을 보냈다.

당시 을파소의 나이는 출생 연도에 대한 기록이 전무하니 알 수가 없다. 다만, 4부족이 모두 천거하였던 안류가, 자신에게 내려진 높은 직책을 고사하면서까지 추천한 사람이라면 그보다 나이가 많거나, 최소한 누구에게라도 존경받을 수 있을 만한 인덕과 지혜를 갖춘 장년의 인물이었을 것으로 추정된다. 을파소는 고국천왕 대부터 산상왕에 이르는 시기까지 안정된 정국을 만드는 데 지대한 영향력을 끼쳤다고 알려져 있다. 고구려 최고의 명재상으로 불리는 이유다.

좌물촌에 다다른 사신들은 을파소의 모습에 잠시 당황하지 않을 수 없었다. 예순이 다 된 노인네가 부지런히 밭을 갈고 있었는데 쇠한 기색도 없이 여느 젊은이들만큼이나 힘을 쓰고 있었던 것이다.

사신이 목청을 높여 그를 불렀다.

"대왕 폐하의 명이오. 그대, 을파소는 만사를 제치고 속히 입궁하여 폐하께서 내리시는 직임을 수행하시오."

을파소는 이유를 묻지 않았다. 그렇다고 선뜻 사신들을 따라나서지도 않았다. 다시 허리를 숙여 밭일을 묵묵히 계속할 뿐이었다. 서두르라 안달 부리던 사신들이 지쳐 포기할 때 즈음, 해가 저물어 산등성이를 붉게 물들일 즈음이 되어서야 허리를 펴고 각반에 묻은 흙을 털어내면서 걸어 나왔다.

"이제 가시지요."

사신들은 얼른 준비해온 말을 내어 을파소를 태운 뒤, 부랴부랴 왕궁으로 향했다.

대기하고 있던 각 부의 대가들과 중신들이 속속 대전으로 몰려들기 시작했다. 자신들이 천거한 안류가, 대왕이 하사한 높은 관직을 마다하면서까지 추천한 을파소를 보기 위해서였다. 그가 어떤 인물인지, 어떤 정파적 성향을 지니고 있는지에 따라 자신들의 입지가 달라질 수 있음을 알기에 몹시 긴장한 모습들이었다.

드디어 을파소가 대전에 들었다. 모두의 시선이 그에게로 집중되었다. 그러나 곧 그의 추레한 행색에 한쪽 입술을 씰룩이며 콧방귀 뀌는 소리가 여기저기에서 터져 나왔다.

"저런 늙은이가 무슨 재주로 국정을 다룬단 말인가?"

"저 더러운 꼴은 뭐지? 소똥이라도 치우다가 왔는가? 손은 어찌 저리 거친가?"

"허허. 아무리 그래도 그렇지, 금상 폐하의 부름을 받아 입궁하는 사람의 태도가 저리도 무례하다니……."

"사람을 잘못 데려온 게지요. 설마 우리가 천거한 안

류가 저렇게 안하무인이고 예의 없는 늙은 농자를 추천하였겠습니까?"

그 사이, 고국천왕은 높다란 용상 위에 앉아 자신을 향해 다가오는 을파소를 주의 깊게 내려다보고 있었다. 왕의 곁에는 그의 왕후인 우씨가 함께 자리하고 있었다. 간혹 총기 넘치는 우씨에게서 뜻밖의 조언을 들을 수 있었기에 왕이 왕후에게 대전에 나와 자리를 함께하도록 청할 때가 곧잘 있었다. 아니, 오히려 그녀가 자리에 함께하는 것을 당연하게 여겼다.

왕후 또한 을파소를 자세히 살폈다. 햇볕에 그을어 까만 안색이나 초라한 행색은 평생 밭을 갈며 살아온 여느 늙은 농부와 다를 바가 없었다. 그러나 눈빛이 형형하고 걸음걸이 또한 너벗한 것이 깊은 산중에서 도를 닦는 신선을 보고 있는 듯도 하였다.

왕은 입가에 자애로운 미소를 지어 보이며 겸손한 말과 예를 다하여 그를 맞았다.

"짐이 외람되이 선왕의 위업을 이어 신하와 백성의 윗자리에 있으나 덕이 박하고 재주가 모자라 정치에 능숙하지 못하오. 선생은 재능과 현명함을 감추고 초야에서 궁색하게 지낸 지 오래인데 지금 나를 버리지 않고 마음을 돌려 왔으니 이것은 짐의 기쁨과 행복일 뿐 아니라, 사직과 백성의 복이오. 청컨대 선생의 가르침을 받고자 하니 마음을 다하여 주기 바라오.”

왕이 된 사람으로서 참으로 겸손하고 간곡한 언사였다. 왕이 그에게 내린 벼슬은 어비류가 차지했던 중외대부였고, 더하여 우태라는 관등을 내렸다. 일개 농부에게 내리기에는 분에 넘치는 관직으로, 그야말로 파격적인 인사였다. 대대로 내려오는 높은 관등과 벼슬, 봉록과 식읍을 통해 쌓인 재물들, 그러한 부귀영화를 누리는 중신들조차 부러워할 만한 자리였다.

그런데 이러한 왕의 과한 예우에도 을파소의 반응은 안류와 별반 다르지 않았다.

“저의 어리석고 둔함으로는 감히 어명을 감당할 수 없사오니, 폐하께서는 어질고 착한 사람을 발탁하여 높은 관직을 내리고 대업을 달성하게 하시옵소서.”

겸손한 건지, 무엄한 건지 알 도리가 없는 그의 태도에 대신들은 심기가 불편해져서 불평을 늘어놓기 시작했다.

"허허. 저런 방자한……."

"감히 폐하께서 내리신 관직을 거절하다니……."

고국천왕 또한 안류에 이어 자신이 내린 성지를 마다하는 을파소에 대해 몹시 불쾌했다. 괘씸한 생각마저 들었다. 그런데 이때, 곰곰이 생각에 잠겨 있는 듯하던 우씨왕후의 입에서 잔잔하게 흘러나오는 말소리가 있었다.

"높은 관직이라…… 중외대부로는 부족하다는 말이로군요."

그 소리에 성을 내려던 고국천왕이 멈칫하니 그녀를 돌아보았다. 그녀의 입가에 맴도는 미소가 무언가를 암시하는 듯 보였다.

'권세 높은 귀족들이 득실대는 이 살얼음판 위에서, 어지간한 높은 관직을 주어 정치를 맡긴다한들, 일개 농부의 명령을 그 누가 따를까 싶습니다.'

그제야 왕 또한 을파소의 의도가 무엇인지 알 것 같았다. 을파소는 그들 모두를 통제할 수 있는 더 높은 자리의 필요성을 알고 있었기에 도리어 자신에게 벼슬을 내리려는 고국천왕의 의중을 떠보려고 한 것이었다.

드디어 고국천왕의 입가에도 미소가 번졌다.

"그렇다면 이러면 어떻겠소? 국상 자리라면 말이오."

주변에서 일제히 탄식 섞인 고성이 이어졌다.

"어찌 그런⋯⋯."

"폐하!"

중신들은 모두 을파소가 자신의 깜냥을 안다면 절대 받아들이지 않을 것이라고 생각했다. 어디 일개 농부 따위가 일인지하만인지상의 국상 자리에 오른단 말인가?

그런데 중신들의 예상과 달리 을파소는 흔쾌히 왕의 뜻을 받아들였다.

"이런 비루한 늙은이를 크게 쓰겠다고 하시니, 그저 황감할 따름이옵니다. 나라와 백성들을 아끼시는 폐하의 하해와 같은 은혜, 성심을 다해 받들겠나이다."

뜻밖의 상황에 중신들의 입에서는 하나같이 반대하는 목소리가 터져 나왔다.

"아니 되옵니다, 폐하."

"나라 살림이 뭔지도 모르는 저런 무지한 늙은 농부

따위에게 국정을 맡기시는 것은 결코 나라를 위하는 일
이 아니옵니다."

"어찌 이 나라를 도탄에 빠트리려고 하시옵니까? 부디
명을 거두어 주십시오."

그러나 고국천왕은 자신의 뜻을 굽히지 않았다. 오히
려 을파소에게 힘을 실어주기 위해 단호한 조치를 했다.

"귀천을 막론하고 만약 국상을 따르지 않는 자가 있다
면 족을 멸하리라."

못마땅한 것은 여전했지만 왕의 엄엄한 성격을 잘 아
는 신하들로서는 그의 뜻을 받들지 않을 수 없었다.

고국천왕의 이러한 처사에 더욱 황감해진 을파소는
그들 앞에서 자신의 각오를 다졌다.

"때를 만나지 못하면 숨고, 때를 만나면 벼슬을 하는 것
이 선비의 당연한 도리요. 이제 폐하께서 나를 후의로 대
하시니 어찌 다시 옛날의 은거를 생각하겠소."

국상의 자리에 오른 을파소는 지성으로 나라와 임금
을 받들어 정치와 교화에 힘썼다. 또한 신상필벌(信賞必
罰), 상과 벌을 공정하고 엄중하게 하니 만백성이 평안하

고 나라 안팎이 무사하였다. 고국천왕은 그의 이러한 정치에 흡족해하며 을파소를 천거하였던 안류를 불러 대사자라는 관등을 내렸다.

"만약 그대의 한마디가 아니었다면, 나는 을파소와 함께 나라를 다스리지 못했을 것이다. 이제 모든 공적이 한데 모인 것은 그대의 공로다."

고국천왕 대에 많은 업적이 있었지만, 그중 으뜸은 을파소의 등용이었다.

그만큼 을파소의 정치적 역량이 뛰어났다는 의미다. 그런데 실질적으로 그가 어떠한 정책을 펼쳐서 백성들을 평안케 했는지, 무슨 업적을 이루었는지에 대한 자세한 내용은 정사의 기록에 없다.

『삼국사기』에서는 "옛날의 사리에 밝은 임금들은 현명한 자를 등용할 때 정해진 방법을 따르지 않았고 등용한 후에는 의심을 하지 않았다. 이는 은나라 고종이 부열에게, 촉나라 선주(유비)가 공명에게, 진나라 부견이 왕맹에게 그러한 것과 같다. 이후 현인이 자리에 있고 재능 있는 자가 직에 임하여 정치와 교육을 연구하고 국가를 보전할 수 있는 것이다. 지금 왕은 단호한 결단으로 을파소를 발탁해 많은 이들의 반대를 무릅쓰고 그를 백관의 위에 앉혔다. 또한 천거한 이를 포상하였으니, 가히 선왕의 법을 체득했다고 할 수 있다."라고 논평하며 고국천왕의 현명한 판단과 자신이 선택한 신하에 대한 신뢰에 대해 칭찬하였다.

욕심 없이 자신의 깜냥을 객관적으로 평가하여 어진 자를 재천거한 안류의 식견이나, 어진 이를 알아보고 신하에 대한 무한 신뢰와 과감한 결단력을 보여준 고국천왕의 통찰력, 을파소의 정치적 역량이 낳은 시대의 작품이라 할 수 있는 대목이다.

이렇게 나라 안팎이 안정되어가던 고국천왕대의 정책 중에서 가장 획기적인 것이 바로 '진대법(賑貸法)'이다. 진대법은 우리 역사상 최초의 구휼 제도로 평가된다. 곡식이 떨어지는 봄부터 가을까지 각 관청의 곡식을 내어 백성들의 식구 수에 따라 차등 있게 빌려주었다가 10월에 환납하게 하는 법이다. 진대법으로 인해 매년 농사를 지어도 춘궁기가 되면 항상 배를 곯던 백성들에게 큰 위로가 되었다. 고려 태조 때의 흑창(黑倉)이 바로 이 제도를 계승한 것이며, 성종 때는 의창(義倉)으로 이름이 바뀌어 시행되기도 하였다.

진대법을 을파소가 건의했다는 것이 정설처럼 알려져 있지만, 알고 보면 정사에는 진대법과 관련한 을파소의 기록 또한 남아 있지 않다. 다만, 당시 모든 정치의 중심에 있었던 을파소가 위민하는 정치를 했던 만큼 그와의 관련성을 유추할 수 있을 따름이다. 대신『삼국사기』에는 고국천왕이 진대법을 시행하는 계기가 된 에피소드가 기록되어 있다.

고국천왕 16년(194년) 가을인 7월의 어느 날. 이른 서리가 내려 곡식이 다 얼어 죽었다. 가난한 백성들에게 굶주림이란 어제 오늘의 일이 아니었다. 그러나 춘궁기를 어렵게 버텼음에도 수확기조차 쌀 한 톨 구할 길이 없게 되자 문제는 달라졌다. 미래에 대한 희망도 없이 굶어죽는 것 외에 달리 방법이 없는, 참으로 공포스러운 상황이었다. 고국천왕은 이를 가엾게 여겨 창고를 열어 백성들을 구휼하였다.

왕이 그 해 겨울인 10월에 질양으로 사냥을 나갔을 때의 일이다. 남루한 차림의 한 사내가 길가에 앉아 울고 있는 것을 보게 되었다.

왕이 이유를 물었다.

"너는 어찌하여 길가에 앉아 우는 것이냐?"

사내는 왕을 알아보고도 더욱 서럽게 소리를 내어 울며 대답하였다.

"소인은 가난하여 항상 품팔이로 어머니를 봉양하였습니다. 그런데 올해는 흉년이 들어 품팔이할 곳도 없으니 한 되, 한 말의 곡식도 얻을 수가 없습니다. 그래서 이렇게 울고 있습니다."

참으로 딱한 백성의 소리에 고국천왕은 이렇게 탄식하였다.

"아, 내가 백성의 부모가 되어 그들을 이렇게 극한 상황에 이르게 하였으니, 이 모든 것은 나의 죄다."

왕은 옷과 음식을 주어 사내를 위로하였다. 또한 나라의 관리에게 명하여 어려운 자들을 찾아 구휼하게 하였다. 홀아비와 과부, 고아, 자식 없는 늙은이, 늙고 병들고 가난하여 혼자 힘으로는 도저히 살아낼 수 없는 자들이 대상이었다.

이어 유사(有司)에게 명하였다.

"매년 3월부터 7월까지 관곡을 내어 백성 호구의 많고 적음에 따라 진대하되, 차등을 두고, 10월에 이르러 관에 환납케 하라."

여기서 언급된 '유사'는 산상왕 대에도 다시 한번 기술되는데 사람의 이름이 아닌, 고구려 시대의 관직명이다. 산상왕 대에는 왕의 아우가 왕에게 자신의 목숨을 유사에게 맡겨 죽여 달라고 청하는 대목이 나온다. 그러나 유사의 정확한 업무 내용은 정사에 설명되어 있지 않다. 대략 나랏일을 맡아보는 고위 공직자로서 임금의 명을 이행하거나, 죄인을 처벌하는 역할 등을 수행했던 것으로 보인다.

여하튼 이렇게 시행된 제도가 바로 진대법이었으니, 이로써 많은 백성이 굶주림을 면할 수 있게 되었다. 조선조 세종대왕 대에 훈민정음을 비롯하여, 측우기, 앙부일

귀(해시계), 자격루(물시계) 등이 성균관의 학자, 장영실과 같은 천재 발명가에 의해 직접 만들어지기는 하였으나, 이를 지시한 이가 바로 대왕이었기에 우리는 이를 세종대왕의 업적이라고 한다. 이와 같은 의미에서 백성들의 어려움을 목도한 고국천왕이 이에 대한 구제책을 강구하라 명하고, 을파소가 지혜를 짜내어 진대법을 건의함으로써 널리 백성들을 평안케 하였을 것이라는 추측을 할 수 있다.

고국천왕 재위 19년(197년)에는, 황건적의 난 이후의 어지러운 후한 말 정치적·사회적 혼란기를 피해 고구려로 귀순해 오는 이가 상당히 많았다. 고국천왕은 이를 포용하여 고구려인으로 받아들였다. 후한 헌제 건안 2년의 일이다.

고국천왕은 탁월한 장수이자, 백성들을 진심으로 아끼고 뛰어난 인재를 알아보는 안목이 뛰어난 성군이었다. 또한 태조대왕이 중앙집권화의 기틀을 마련하였다면 고국천왕은 이를 완성하였다.

다만, 우리나라 역사 교과의 내용에서 바로잡아야 할

부분이 있어 짚고 넘어가야겠다. 고국천왕 대에 고구려의 형제 상속제에서 부자 상속제로 바뀌었다고 가르치고 있는 부분이다. 윗대에서 형제 상속이 몇 차례 반복되었는데 이는 부득이한 경우뿐이었다. 근본은 분명히 부자 상속이었다. 또한 고국천왕은 후사가 없었기에 그의 아우가 왕위를 잇게 되었으니 그의 대부터 부자 상속제로 전환되었다는 것은 가당치도 않은 주장이다. 더욱이 사서의 어디에도 고국천왕이 형제 상속제에서 부자 상속제로 전환하였다는 내용은 없다.

고국천왕이 중앙집권화를 완성했기에 이후 그러한 제도 개선을 추진했을 것이라는 주장의 근거로, '봉상왕-미천왕(조카 상속)', '안장왕-안원왕(형제 상속)', '영양왕-영류왕(형제 상속)' 외에 대부분 부자 상속이 이루어졌다는 점을 들 수 있다. 하지만 이는 이전이나, 이후나 마찬가지로 부득이한 경우를 제외하고는 부자 상속이 우선이었을 뿐이다. 이렇듯, 기록에도 없는 내용을 추측만으로 교과 과정에 무리하게 삽입했다면 꼭 고쳐져야 한다고 본다.

고국천왕의 재위 기간은 179년에서 197년까지 18년이다.

3장

『삼국지』의 역사적 혼란기를 맞고 있던 중국

고구려는 북으로는 중국과 영토를 맞대고, 남으로는 백제, 신라와 대립하고 있었기에 항상 그들과의 전쟁이 나라에 큰 위협이 되곤 하였다.

다행히 고구려 고국천왕의 재위기와 그를 이은 산상 왕이 재위한 기간의 중국은 후한 말의 매우 혼란한 시기 였다. 후한 말 시기를 대략 서기 184년~220년으로 보고 있으니 신라는 제8대 아달라 이사금이 승하하고 벌휴 이 사금에 이어 내해 이사금이 다스리고 있었으며, 백제는 제5대 초고왕, 제6대 구수왕이 재위하고 있었다.

당시 신라와 백제는 태조대왕 이후, 막강한 군사력을 갖추게 된 고구려와 대적할 만한 처지가 아니었다. 신라와 백제, 두 나라가 서로 끊임없이 크고 작은 전투를 치르고 있는 사이에 고구려는 중국과 북방의 세력들에 집중할 수 있었다.

후한 말 중원의 가장 큰 악재는 탐관오리들의 횡포와 생활고에 시달리던 농민들이 장각을 중심으로 일으킨 황건적의 난, 그리고 그 민란을 진압하기 위해 일어난 군벌들의 난립이었다.

당시 후한의 제12대 황제인 영제(靈帝)는, 뇌물을 바치고 등용된 자사나 태수들의 전횡을 막기 위해 지방관을 파견하라는 유언의 진언을 받아들였다. 내용은 지방관의 명칭을 '주목'으로 고치는 한편, 그들에게 세금을 징수하고 주 안에서의 군사 통솔권을 부여하는 것이었다. 그러나 이로 인해 조정의 힘이 약화되었고 대신, 지방관들의 힘이 세지면서 군벌이 생기는 계기가 되었다.

영제가 189년 붕어하고 뒤를 이은 이는 아들인 유변, 즉 소제(少帝)였다. 소제의 나이가 13세에 불과했기에 어머니인 하태후가 섭정하였다. 그로 인해 그녀의 오라비인 대장군 하진이 실권을 장악하게 되었다. 하진은 당시 정사를 쥐락펴락하며 갖은 패악질을 저질러 '십상시(十常侍)'라고 불리던 10여 명의 환관을 제거할 계획이었다. 그 방편으로 군벌 중 가장 세력이 큰 서량의 동탁(董卓)을 도읍인 낙양으로 불러들였다. 하지만 이를 알게 된 십상시는 선수를 쳐서 하진을 살해하였고, 이 일을 빌미로 발해(하북성 창주시) 태수 원소가 궁으로 들이닥쳐 환관들을 닥치는 대로 베어버리는 사건이 벌어졌다. 이 전후의 과정을 '십상시의 난'이라고 부른다.

이때 실종되었던 소제와 당시 여덟 살이었던 동생 조환을 모신 사람이 다름 아닌 동탁이었다. 동탁은 황제를 모신다는 명분으로 자신의 군사들을 이끌고 궁 안으로 들어갔다. 그때부터 조정은 탐욕스러운 동탁의 세상이 되었다. 동탁은 곧 소제를 폐하고, 자신과 성이 같은 효인황후 동씨의 아들 조환을 즉위시켰다. 조환이 바로 후한의 마지막 황제인 헌제(獻帝)다.

동탁은 스스로 '상국'이라는 최고 직위에 오르더니 폭정을 거듭했다. 이에 황건적을 진압하기 위해 일어났던 군벌들이 이번에는 반동탁 연합군이 되어 낙양으로 밀고 들어왔다. 위협을 느낀 동탁은 낙양을 불태우고 도읍을 장안으로 옮겼는데, 원술의 부하인 손견의 공격에 맞서 싸우다가 패하면서 궁지에 몰리기도 하였다.

하지만 반동탁 연합군은 오래지 않아 지리멸렬하고 말았다. 맹주인 원소의 지휘력이 여타 군벌을 통솔하기에는 역부족이었기 때문이다. 결국 반동탁 연합군은 뿔뿔이 흩어져 각자의 근거지로 돌아가게 되었다. 동탁은 그 틈을 타서 자신의 반대파들을 잔혹하게 제거하였다.

이에 불만을 품은 사도 왕윤 등이 동탁의 호위무사이자 양자인 여포(呂布)를 포섭하였다. 당시 여포는 동탁의 시비와 은밀한 관계를 맺고 있었는데 이 일이 동탁에게 알려질 것을 몹시 두려워하고 있던 터였다. 결국 여포는 동탁을 주살하였고, 이후 왕윤이 정권을 잡아 수장이 되었다. 하지만 왕윤 또한 곧 실각하고 얼마 후 동탁의 수하였던 이각 등에게 잡혀 살해당했다.

다음 조정의 실권을 잡은 이들은 이각과 곽사, 번조였다. 이각과 곽사가 번조를 죽인 후 서로 대립하면서 나라의 혼란은 거듭되었다. 결국 화의를 맺은 이각과 곽사는 헌제를 낙양으로 돌려보내게 되는데 이번에는 조조(曹操)가 헌제를 맞아들였다.

당시 조조는 연주(상동성 서부 및 하남성 동부)를 장악한 군소 군벌 중 하나일 뿐이었다. 그런데 그 또한 황제를 앞세워 정권을 잡은 후 대장군이 되어 조정의 모든 실권을 손아귀에 넣었다. 그는 모든 군벌에게 헌제의 이름으로 조정에 복종하라는 칙령을 내리는가 하면, 허창으로 황제를 모시고 가서 그곳을 새 도읍으로 삼았다. 나관중의 역사소설인『삼국지연의(三國志演義)』를 통해 간악하고 냉혹한 간웅으로 치부되는 조조의 시대가 열린 것이다. 하지만 실상 그는 탁월한 정치력과 적이라 할지라도 인재를 알아보고 포용할 줄 아는 안목을 지닌 뛰어난 정치가였다. 이는 그가 시행한 여러 가지 제도와 행적을 통해 알 수 있다.

조조가 자신의 책사였던 사마의(司馬懿)의 건의에 따라 시행한 농지 정책으로 둔전제(屯田制)가 있다. 재정을 확보하기 위해 국가의 계획하에 사람들을 투입하여 경작하는 제도인데 실상은 군둔(軍屯)이라고 하여 군이 경제

활동을 통해 재정의 일부를 자급자족하는 것을 목적으로 하였다. 당시 이 둔전제를 통해 허창의 부족한 곡식을 확보한 양이 무려 100만 석에 달했다.

또한 조조는 신분의 고하, 과거 행적을 가리지 않고 전국 각지의 인재를 등용하는 구현령(求賢令)을 내려 시행하였다. 그가 적이었던 관우(關羽)를 얻고자 매우 후하게 대접하였고, 관우가 그 빚을 갚고 떠나기 위해 전투에서 여러 차례 공을 세웠다는 이야기는 조조가 인재를 얼마나 귀하게 여겼는지를 보여주는 실례가 되었다. 물론 관우의 환심을 사기 위해 적토마를 주었다는 이야기는 정사에 없는 소설 속의 설정일 뿐이다.

이어 조조는 헌제에게 받은 4현 3만 호 중에서 3현 2만 호를 반납하는 술지령(述志令)을 공표하여 제위를 찬탈하려는 야망이 없음을 밝혔다. 213년에는 백성들을 위하여 전 재산을 기부하기도 하였다. 그 영향으로 조조의 수하로 있던 고위 관료들 또한 자신들의 재산을 기부하였다. 물론 서주 학살이나, 포로 학살, 복황후 시해, 임신한 동귀인의 처형 등 조조가 벌인 잔혹한 행위로 인해 민심을 잃었고, 이는 군벌들에게 반란의 명분을 주는 계기가 되었다.

비슷한 시기 등장한 인물 중에서 가장 눈에 띄는 이들은 한나라 황실의 종친이라고 알려진 유비(劉備)와 강동 일대의 군벌인 손권(孫權)이었다. 유비와 손권은 서로 연합하여 조조의 대군을 상대로 적벽대전 등에서 대승을 거두는가 하면, 정략결혼을 통해 동맹을 맺기도 하였다. 그러나 이 동맹은 오래가지 못했다. 손권이 유비에게 대여하였던 형주를 돌려달라고 요구하면서 틀어지기 시작하였고 이어 유비의 수하였던 관우가 손권의 요구를 거절하면서 관계는 더욱 악화되었다. 결국 형주의 맥성에서 손권의 군사가 관우를 잡아 처형하는 사건으로 인해 두 세력의 동맹은 완전히 깨지고 말았다.

황제를 등에 업고 자신의 정치를 펼치던 조조는 승상에 이어 위(魏)왕이 되었으나 220년에 죽었다. 이후 그의 아들 조비(曹丕)가 헌제에게 양위받아 황제 자리에 오르니 한나라는 그렇게 멸망하고 위나라가 그 자리를 대신하게 되었다. 이때 물러난 헌제는 진류왕에 봉해졌다.

221년 유비 또한 성도에서 황제 즉위를 선포하고 국호를 한(漢, 촉한)이라고 하였다. 손권은 229년 오(吳, 동오)의 황제가 되었다. 위, 촉, 오라고 하여 진수의 역사서『삼국지』와 소설『삼국지연의』에 나오는 바로 그 삼국이다.

265년, 위나라 승상이었던 사마의의 손자, 사마염(司馬炎)이 당시 위나라 황제였던 조환(曹奐)에게서 강제로 황위를 양위받은 뒤, 국호를 진(晉)이라고 하였다. 263년, 위나라에 의한 촉한의 멸망, 280년 진나라에 의한 오나라의 멸망으로 후한 말 군벌들이 세운 삼국은 잠시 그렇게 통일되는 듯하였다.

물론 진나라는 265~316년까지 낙양을 도읍으로 하여 승승장구하다가 남쪽의 건강(난징)으로 쫓겨나는 위기에 처하였다. 이 전을 서진, 이후를 동진이라고 불렀는데 송(宋), 제(齊), 양(梁), 진(陳)과 함께 남조라고 하였다. 한편 북쪽에서는 흉노(匈奴)·갈(羯, 흉노의 별종)·선비(鮮卑)·저(氐, 티베트계)·강(羌, 베트남계) 5개 종족이 각기 나라를 세웠다가 망하고를 거듭하는 5호16국 시대를 맞이하게 되었다. 북위(北魏), 북제(北齊), 북주(北周) 등의 나라가 이에 해당하며 이를 따로 북조 시대라고 불렀다. 더하여, 조비의 위나라에서부터 진나라를 거쳐 남북조 시대에 이르는 이 시기를 통틀어 위진남북조(魏晉南北朝) 시대라고 한다.

후한 말, 황건적의 난(184년)을 시작으로 위진 남북조 시대를 거쳐 양견(수문제)이 수나라를 세워 중원을 통일(589년)할 때까지의 혼란기는 그렇게 405년 동안 이어지게 된다. 또한 이러한 후한 말 이후의 혼란기야말로 고구려가 강력한 군사 대국으로 성장할 수 있었던 계기로 작용하였던 것도 사실이다.

4장

형사취수제는 정당한가

우씨왕후의 첫 남편이었던 고국천왕은 재위 19년(197년)에 승하하였다. 정사(正史)에 병사 혹은 시해 등의 기록이 남아 있지 않으니 사인은 정확히 알 수가 없다. 유조를 남겼다는 기록조차 없어 급사하였던 것으로 추측될 뿐이다.

고국천왕에게는 아들이 없었다. 대를 이을 아들이 없었기에 대신 그의 형제 중 하나가 임금 자리에 올라야 했다. 순서로 따진다면 첫째 아우인 발기가 되어야 했다. 그러나 결과는 달랐다.

어비류와 좌가려의 난으로 더 이상 중앙 정계에의 진출이 어려웠던 연나부는 왕후가 버티고 있어서 겨우 살아남을 수 있는 상태였다. 다음 왕이 누가 되었든 간에 왕후조차 그 자리에서 물러난다면 그녀의 부족은 더 이상 존속하기조차 힘들 수도 있었다. 왕후 자신도 일족과 운명을 같이해야 할 판국이었다.

이러한 이유로, 왕후는 고국천왕이 승하한 직후에도 슬퍼할 겨를이 없었다. 자신과 자신의 부족을 살릴 계책을 생각해내야 했다. 방법은 단 하나, '형사취수제'뿐이라는 결론이 났다.

형사취수제(兄死聚嫂制)는 고구려 이전의 부여 때부터 행해지던, 혼인과 관련한 풍속이었다. 『삼국지』「위서」 동이전에 따르면 "부여에서는 형이 죽으면 형수를 아내로 삼는데 흉노의 풍습과 같다"라고 하였다. '취수혼'이라고도 불리며 흉노 외에도 거란, 여진, 몽골 등 북방계 민족에게서 주로 행해졌다. 물론 그 외에 아시아, 유럽, 북부 아프리카, 아메리카 등 세계의 원주민 사회에서도 유사한 혼속의 사례가 있었으며, 인도와 일본의 소수 민족에서는 최근까지도 그와 유사한 일이 있었다는 보고가 있다.

전한 시대의 역사가 사마천(司馬遷)의 『사기(史記)』 중

흉노열전에는 부친이 죽으면 아들이 계모를 아내로 삼았고, 형제가 죽어도 남은 형제가 형수나 제수를 아내로 삼았다는 흉노의 취수제 내용이 남아 있다.

이러한 형사취수제가 시행되었던 이유는 두 가지로 추측할 수 있다. 형이 죽고 미망인으로 남은 형수와 그 자식들에 대한 생계를 책임진다는 부족 보호 차원의 의미가 첫 번째 이유요, 노동력이 곧 생산 수단이었던 시대에 형수가 물려받은 재물과 그로 인한 노동력이 외부로 빠져나가는 것을 막겠다는 것이 두 번째 이유였다. 물론 형사취수제가 그러한 부족 보호 차원 등의 순수한 이유로 시작되었겠으나, 시간이 흐르면서 사내의 흑심이 다분히 작용하여 행해졌다는 기록 또한 남아 있는 것이 사실이다.

당시로부터 오랜 후의 일이지만, 조선의『성종실록』에는 건주(建州)의 야인(野人, 여진족)인 이목장합, 조이시합, 동거우동 등 여덟 사람이 좌위(左衛)·우위(右衛) 도독(都督)의 사신으로 조선의 임금에게 사조(辭朝, 새로 임명된 관리가 부임하거나 외국의 사신이 떠나기에 앞서 임금께 하직 인사를 드리던 일)하는 상황에서 하문하고 답하는 와중에 다음과 같은 의미심장한 대화를 나누는 대목이 있다.

성종이 하문하였다.

"만약 같은 형제 중에서 먼저 죽는 이가 있으면, 그 아내에게 장가간다고 하던데, 과연 그러한가?"

이에 건주좌위의 이목장합(李木長哈)이 답하기를 "형의 아내가 만약 얼굴이 아름답고 재물이 많으면 장가갑니다."라고 하였다.

이에 당황한 동거우동이 다급하게 이목장합의 말을 중지시켰다.

"어찌 그런 말을 하는가?"

그리고 변하듯 아뢰었다.

"귀족에게 어찌 그런 풍습이 있겠습니까? 이는 다만 일부의 이야기일 뿐입니다."

동거우동이 일부의 이야기라고 둘러댔지만, 이야말로 형수의 미모와 재산을 탐하여 취수혼이 행해지기도 했다는 증거라고 할 수 있다.

조선 중기 문신인 성현(成俔)이 지은 『용재총화(慵齋

叢話)』에는 한 술 더 떠서 취수혼으로 인해 벌어진 여진족의 황당한 사건이 기록으로 남아 있기도 하다. 여진족은 형이 죽으면 동생이 반드시 형수를 취하는데, 고구려에서처럼 형은 제수를 취하지 않았다. 동생은 아들과 같으니 아들의 아내를 취할 수 없는 반면, 아버지의 것을 아들이 이어받는 것은 당연하다는 이유에서다.

간혹 형이 살아 있는데도 동생이 형의 아내를 취하는 경우도 있었다. 보통은 형수가 이를 받아들이는데, 그렇지 않은 경우도 있어 형제의 어머니에게 질타를 당하기도 하였다.

"남들도 다 그리하는데 어째서 그리 불손한가?"라고 한 것이다.

지금의 상식으로는 전혀 이해할 수 없는 이야기들은 계속된다. 부당하지만 동생이 형수를 때리고 핍박해서라도 간음하는 경우 또는 형을 활로 쏘아 죽이는 경우도 있었다. 결과적으로 이후 형의 아들이 그 숙부를 활로 쏘아 죽이는 등, 원수에 원수를 갚는 일이 끝이 없었다.

두 이야기는 모두 16세기 조선의 유교 사회에서라면

결코 받아들이기 힘든, 입에 올리기조차 망측한 패륜에 해당하는 내용이다. 조선시대 최고의 법전인『경국대전』에서는 이러한 혼속을 행하는 자는 목을 매거나 베어야 한다고 하였으니, 이는 극형에 해당하는 천인공노할 일이라고 여겼다. 물론 그러한 혼속의 사례가 당시까지도 일부에서 행해진 바 있었다는 방증이기도 하다.

그렇다고 관습화된 고구려에서의 취수혼이 여진이나 흉노와 같지는 않았다. 최소한의 도덕은 있었다고 할 수 있다. 흉노족처럼 동생의 아내를 취하는 법은 없었고, 계모를 취했다는 패륜적인 기록도 정사에는 없다. 형수를 취하겠다고 형을 죽이거나, 이에 복수하겠다고 조카가 숙부를 죽였다는 기록도 없다. 그리고 유교 국가인 한나라의 영향으로 이마저도 점점 사라졌던 것으로 보인다.

여하튼 고구려에 형사취수제라는 혼속은 존재하였으되, 흉노처럼 아래 위 없이 형제의 아내를 취하는 법도 없었으며, 여진족처럼 꼭 행해야 한다는 절대적인 법 또한 아니었다. 더욱이 젊고 아름다운 여인들이 지천에 깔려 있어 손만 뻗으면 얼마든지 취할 수 있는 왕의 위치라면 굳이 형의 부인을 아내로 맞아야 할 필요를 느끼지 못했을 것이다. 한 끼 끼니도 챙기기 힘든 가난한 백성이라면 모를까, 권력에서는 배제된다 하더라도 경제적으로 안정되고 왕 사후에도 최소한의 예우가 뒤따르는 선왕의 왕후라면 형사취수제의 의미가 없다는 소리다. 그럼에도 우씨왕후는 스스로 취수혼을 선택했다. 일족과 함께 자멸하느냐, 살아남느냐의 기로에 서 있었던 그녀로서는 불가피한 선택이었다.

운명의 그날 밤, 과연 어떠한 일이 일어났던 것일까? 이야기로 꾸며보았다.

고국천왕의 죽음

큰 별이 왕궁을 감싼 어두운 밤하늘을 가로질러 떨어졌다. 이어 조용한 왕궁에 다급한 발걸음 소리가 울렸다. 중외대부 협제가 왕궁의 회랑을 급히 달리고 있었다. 그가 향한 곳은 왕후 우씨가 거처하는 왕후전(가칭. 고구려 사서에 왕후의 전각을 이르는 말은 남아 있지 않음)이었다. 왕후전에 이른 협제는 왕후를 시측하는 시비들이 고하기도 전에 소리를 쳤다.

"마마! 왕후마마! 큰일 났사옵니다!"

마침 서책을 읽느라 긴 밤을 지새우고 있던 우씨가 다급한 협제의 음성을 듣고 말했다.

"누구인가?"

이번에도 시비가 아닌, 협제가 먼저 대꾸하였다.

"중외대부 협제이옵니다."

"들라."

우씨왕후는 불길한 예감에 바로 협제를 안으로 들였
다. 해시가 넘은 늦은 시각, 그것도 점잖기로 소문난 왕의
최측근이자 왕실 일을 총괄하는 중외대부 협제가 무슨 일
로 자신을 찾았을까? 무언가 왕에게 긴박한 일이 생겼음
이 분명했다.

우씨왕후가 본즉, 협제의 낯은 사색이 되어 있었다. 협
제는 들자마자 엎드려 통곡하기 시작했다.

"마마! 대왕 폐하께서…… 대왕 폐하께서 승하하셨나
이다!"

왕후 우씨는 그의 말을 채 알아듣지 못한 채 멍하니 그
의 하는 양을 바라보고만 있었다. 가끔 대왕께서 체기가
있으시어 한두 차례 수라를 거르신 적이 있긴 하였으나
지병이 있는 것도 아니오, 심한 병중을 앓은 바도 없는 강
건한 분이셨다. 그런데 갑자기 승하라니. 왕후는 자신의
귀를 의심할 지경이었다.

"중외대부, 그게 무슨 말이오? 폐하께서……."

"아뢰옵기 황공하오나, 대왕 폐하께오서 승하하셨나이다."

협제가 재차 외치자 우씨왕후는 자리에서 벌떡 일어났다. 그리고 긴 치맛자락을 끌며 대왕의 침전을 향해 달렸다.

대왕의 침전 안에는 옥침 위에 반듯이 누워 있는 대왕과 그의 발치에 부복한 태의가 고개를 조아린 채 울고 있을 뿐, 다른 이는 아무도 없었다.

왕후가 태의에게 물었다.

"어찌된 일인가?"

태의는 이 모든 일이 마치 자신의 잘못이라도 되는 양 사지를 벌벌 떨며 아뢰었다.

"유시에 폐하께서 수라를 드신 뒤, 속이 편치 않다 하여 진맥을 하였나이다. 이전에도 전투 후 귀환하시거나, 근심이 과도한 경우, 속이 냉하고 체기가 있는 비위허한(脾胃虛寒) 증세를 가끔 보이셨기에 이번에도 급히 사인(砂仁)과 초두구(草豆蔲), 건강(乾薑) 등을 달여서 와 보니 이미 폐하께서는 숨을 쉬지 않고 계시었나이다."

태의의 말대로 옥침 곁에는 채 식지 않은 탕약 한 그릇이 놓여 있었다. 왕후는 그 그릇을 보고 태의가 손을 쓰기도 전에 대왕이 급사했다는 사실을 알았다. 우씨는 대왕의 곁으로 천천히 다가가 그를 내려다보았다. 그의 표정은 이상하게도 죽는 순간까지 전혀 고통을 느끼지 않았던 것처럼 평안해 보였다. 하늘을 찌를 듯이 우뚝 솟은 그의 콧대와 고심하듯이 굳게 다문 입매를 보고 있자니, 잠이 들었다가 금방이라도 눈을 뜰 것만 같았다. 하지만 검을 쥐고 전군을 맹렬히 지휘하던 그의 손에 자신의 손이 닿은 순간, 그녀는 외마디 신음을 흘리며 무너졌다.

"으음."

"왕후 마마!"

협제가 다가와 그녀를 부축하였다.

그의 손은 나무거죽처럼 뻣뻣하고 음지의 돌처럼 차가웠다. 이미 살아본 적 없는 무생물처럼 아무런 온기를 느낄 수가 없었다. 세상의 중심이자 그녀의 기둥이었던 대왕은 그렇게 생을 등지고 떠나신 것이다.

"국상 을파소와 대신들을 모두 부르겠나이다."

협제의 말에 억장이 무너지는 슬픔으로 어쩔 줄 몰라 하고 있던 그녀의 정신이 퍼뜩 돌아왔다.

'그렇다면 다음 왕은 누가 될 것인가?'

대왕에게는 후사가 없었다. 갑자기 승하하였으니 유조 또한 남기지 못했다. 예법대로 다음 왕은 제가회의를 통해 결정될 터였다. 대왕의 첫째 아우인 발기가 될 공산이 컸다.

발기의 얼굴이 떠오르자 갑자기 그녀의 명치가 뜨끔했다.

'발기가 왕이 된다면 나는 어찌되는 것인가? 어비류와 좌가려의 난을 진압한 직후, 발기는 나의 폐위를 주장한 바 있지 않은가?'

그녀의 낯이 파랗게 질렸다. 대왕의 죽음이, 그의 선에서 끝난 것이 아니라는 생각이 들었다.

"왕후전으로 뫼시겠나이다."

그녀는 자신을 부축해 일으키려는 협제의 손을 덥석 잡았다. 정색한 그녀의 눈빛은 조금 전까지 정신을 놓고 있던 모습과는 사뭇 달라져 있었다. 그녀는 조용히 속삭이듯 물었다.

"이 사실을 알고 있는 이가 누구, 누구인가?"

"아직은……. 왕후마마께 제일 먼저 아뢰었나이다."

"그렇다면 아직, 우리 외에 아무도 이 사실을 모른다는 말이겠구료."

우씨의 생사를 건 승부수

우씨는 급히 왕궁을 빠져 나왔다. 많은 인원의 이동이 누군가의 눈에 띨 것을 우려하여 마부와 시비, 무사 몇 명만을 대동했다. 모두 왕궁에 시집올 때 사가에서 데리고 온, 믿을 만한 이들이었다.

그녀는 왕궁을 빠져나오기 전, 이미 대왕의 죽음을 알고 있는 모든 이의 입을 함구시켰다. 태의, 중외대부, 침전의 시중과 시비들, 왕후전의 시비들, 왕실의 그림자처럼 겉으로는 드러나지 않지만 눈이 있어 보고, 귀가 있어 들으며, 입이 있어 말할 수 있는 이들이 모두 해당하였다.

"태의는 폐하를 지켜내지 못한 책임이 막중하니 죽음으로 죗값을 치러야 하는 바, 살고 싶거든 대왕의 사인에 대해 충분히 심사숙고해야 할 것이다. 그리고 이 곳에 있는 그 누구도 폐하에 대한 그 어떠한 말도 입에 올리지 말라. 내가 올 때까지 그 외에 누구도 이 사실을 알아서는 아니 된다."

태의는 우씨왕후의 결연한 태도에 다시 한번 온몸을 떨어야 했다. 그녀는 혹여 구멍처럼 새어나갈 수 있는 이 중대한 비밀을 지키기 위하여 이런 말도 잊지 않았다.

"내 허락이 떨어지기 전에 이 사실을 먼저 발설하는 자가 있다면 그것을 본 눈과 지껄인 혀를 모두 파내어 도륙을 내버리겠다."

그만큼 그녀가 계획한 것이 성사될 때까지 어떠한 일이 있어도 왕의 죽음이 알려져서는 안 되었다.

달리는 마차 안에서 그녀는 끊임없이 자신에게 묻고 답하기를 반복하였다. 가능한가, 가능하지 않은가, 이대로 괜찮은가, 그렇지 않은가, 방법은 이뿐인가, 혹여 다른 방법이 있다면 그것은 무엇인가? 많은 질문에 답을 찾으려 헤매었다. 결국 결론은 '살아남아야 한다!' 하나로 귀결되었다.

그녀가 찾아간 곳은 고국천왕의 첫째 아우인 발기의 집이었다.

야밤이었다. 왕후의 갑작스러운 행차였다. 발기는 당황하지 않을 수 없었다.

"어찌 이 밤에 왕후께서 예고도 없이……."

우씨왕후는 마음이 급했다. 그럼에도 선뜻 입을 열지 못했다.

발기는 재차 우씨왕후에게 물었다.

"제게 무슨 하실 말씀이라도 있으십니까?"

무슨 말을 어떻게 해야 좋을까, 그가 만약 다른 생각을 품고 있다면 어찌해야 좋을까, 잠시 그리 망설이던 우씨는 대왕의 승하 소식을 알리지 않는 선에서 먼저 그의 의중을 떠보기로 하였다.

"폐하께 후사가 없으니 마땅히 그대가 뒤를 이어야 하지 않겠습니까?"

그녀의 단도직입적인 물음에 발기는 잠시 할 말을 잃었다. 다른 사람도 아닌, 금상의 부인인 왕후가 갑자기 왕위 계승 문제를 입에 올린다? 후계 문제는 왕과 대신들이 함께 논의하여야 할 국가적인 중대사이거늘, 왕후는 대체 무슨 의도로 이런 질문을 하는가? 그것도 이 늦은 밤에 예고도 없이 찾아와 그런 말을 하다니, 혹여 나에게 의도하는 바가 있는가?

그의 머릿속이 점점 더 복잡해지기 시작했다. 고국천왕은 연나부의 역모 사건에도 불구하고 왕후를 폐위시키지 않았다. 그만큼 왕후를 아꼈다. 그 자신의 의중을 떠보기 위해 왕후를 보낸 이가 대왕인가? 아니면, 설마 어비류와 좌가려의 난이 발발했을 때 그 배후에서 역모를 도모한 이가 왕후라는 소문이 사실이었는가? 지금이야 목숨을 건졌지만 혹시 모를 보복을 대비하여 다시금 새 왕으로 갈아타겠다는 수작인가?

정신을 똑바로 차려야 했다. 만약 왕이 자신을 시험하고자 왕후를 대신 보낸 것이라면 의심에서 벗어나 살아남을 수 있는 방법을 찾아야 했다. 반면 왕후가 역모를 꾀하려고 하는 의도라면 단호하게 선을 긋는 것이 오히려 나을 것이었다. 어떤 이유가 되었든, 금상이 지금 당장 승하하더라도 다음 왕위는 당연히 자신의 것이라는 자신감도 없지 않았다. 굳이 자신이 왕위에 오르기 위해 역모를 도모한다거나, 기울어져가는 연나부의 힘을 빌릴 필요는 없다고 판단했다.

생각이 정리된 그는 정색을 하고 답하였다.

"하늘의 운명은 돌아가는 바가 있으니 가벼이 논의할 일이 아닙니다. 하물며 부인으로서 밤에 나다니는 것이 어찌 예라 할 수 있겠습니까?"

왕후는 그의 응대에 큰 불쾌감을 느꼈다. 사사로이는 형수와 시동생 관계지만, 그녀는 엄연히 이 나라 고구려의 국모였다. 감히 그런 자신의 면전에 대고 이토록 무례하게 나무라니 심한 모멸감마저 느껴졌다.

그녀는 미련 없이 발기의 집을 떠났다. 사실은 도의적인 이유 때문에 발기를 먼저 찾아온 것이지 큰 기대를 하지는 않았다. 그의 급한 성정도 그렇거니와, 서열을 무시할 수만은 없었기에 의중을 확인하고자 했을 뿐이다. 역시나 발기는 자신의 의지대로 쉽게 움직일 수 있는 인물이 아니라는 사실을 확인할 수 있었다. 발기와는 손을 잡고 갈 수 없다는 확실한 판단이 선 셈이다.

그녀는 그 길로 마차를 돌려 고국천왕의 둘째 아우인 연우에게로 향했다. 연우는 발기와는 심성부터가 다른 사람이었다. 강성인 고국천왕과도 전혀 다른 성향을 지니고 있었다. 침착하고 내성적이면서 생각이 깊었다. 속내를 잘 드러내지 않는 대신, 남들과 척지는 경우도 없었다. 평소에 그녀와도 대화가 잘 통하는 편이었다. 그러나 왕의 자리를 언급한다면 어떠한 반응을 보일지는 전혀 예상할 수 없었다. 만약 연우마저 자신을 밀어낸다면 다음 왕제인 계수밖에 없었다. 그런데 계수라고 자신을 받아줄 것인가? 무인으로서의 재주는 뛰어나지만 고지식하리만큼 충직한 계수가? 왕후는 몹시 불안했다. 하지만 자신이 하려는 것을 멈출 수는 없었다.

다행히 연우는 그녀를 대하는 태도부터가 발기와는 전혀 달랐다. 왕후가 찾아왔다는 소리에 의관부터 갖추고 대문까지 맞으러 나왔다. 급히 음식을 준비하여 주연을 베풀기도 하였다.

"송구하옵니다, 왕후 마마. 서두르느라 대접이 소홀함을 용서하십시오."

"별말씀을 다 하십니다. 저야말로 기별도 없이 찾아뵙게 되어 미안합니다."

왕후는 그의 환대에 몹시 흡족했다. 자신에게 적의가 없음을 바로 알 수 있었다. 급기야 발기에게는 밝히지 않았던 고국천왕의 승하 소식을 전하기로 마음 먹었다.

그녀는 조용히 연우가 따라준 술 한 잔을 입안에 머금었다가 넘겼다. 금세 온몸이 따뜻하게 덥혀졌다. 그제야 우씨왕후가 천천히 입을 뗐다.

"사실…… 대왕께서 승하하셨습니다. 아들이 없으니 큰동생인 발기가 마땅히 뒤를 이어야 하겠지요. 하지만 그는 저에게 다른 마음이 있다고 생각했는지 사납고 거만하며 무례하였기에 이렇게 둘째 왕제님을 뵈러 온 것입니다."

연우는 급작스러운 형님의 승하 소식에 잠시 놀랐지만 금세 상황을 파악하였다. 왕후가 무슨 의도로 자신을 찾아왔는지도 깨달았다. 왕후가 발기를 포기하고 자신을 찾아온 것은 일생일대의 기회였다. 무엇보다도 발기가 왕이 된다면 차기 왕은 그의 아들이 될 수밖에 없을 것이다. 이번에 왕좌를 놓친다면 영영 자신에게 기회가 주어지지 않을 것이라는 의미였다. 그는 잠시 생각에 잠긴 듯했지만 오래 망설이지는 않았다.

연우는 더욱 깍듯이 예를 다하였다. 그는 시중을 들던 하인들을 모두 물린 뒤, 우씨왕후를 위해 직접 칼을 잡고 고기를 썰기 시작했다. 이는 상대방을 접대하는 최대의 예우이기도 하거니와, 상대방이 칼을 잡은 자신을 믿고 있다는 것에 의심을 품지 않는다는 의미이기도 하였다. 우씨왕후 또한 그의 의도를 바로 간파할 수 있었다. 그녀의 마음을 받아들인 것이 분명했다.

그런데 이때, 연우가 실수하여 손가락을 베이고 말았다. 고기의 살점 위로 붉은 핏방울이 뚝뚝 떨어졌다.

"괜찮습니까? 어찌……."

이를 본 우씨왕후가 황급히 그에게로 다가갔다. 그녀는 그 자리에서 자신의 허리띠를 풀었다. 그녀의 허리띠는 그의 베인 손가락을 감쌌지만 느슨하게 풀어진 옷자락 사이로 보이는 하얀 속살은 그녀의 제안에 대한 확답을 원하고 있었다. 연우는 갑작스러운 왕후의 행동에 당황하면서도, 곧 그녀를 안고 유혹에 화답했다. 두 사람은 짧은 밤, 서로의 은밀한 관계를 통해 미래의 왕좌와 왕후 자리를 주고받았다.

우씨왕후는 연우의 마음을 확인한 후, 서둘러 왕궁으로 함께 가기를 청하였다.

"밤이 깊어 예기치 못한 일이 생길까 두려우니, 그대가 나를 궁까지 데려다 주시오."

연우는 흔쾌히 그녀의 손을 잡고 왕궁으로 향했다.

사서에는 연우가 손을 베었을 때 우씨왕후가 자신의 허리띠를 풀어 손가락을 감싸주었다고만 기술되어 있다. 하지만 이는 그들의 다짐과 밀약을 확인할 수 있는 대목으로 해석할 수 있다. 말 그대로 상처를 감싸주었다기보다는 그와 이성 간의 통정을 완곡하게 표현한 의미로 볼 수 있는 것이다. "하룻밤에 만리장성을 쌓는다."라는 말처럼, 이성 간에 그보다 더 확실한 결속이 어디 있을까. 이때 이미 임금 자리와 왕후 자리를 놓고 함께 밀약하였음이 분명하다.

발기와 연우의 영지가 어디인지는 기록에 남아 있지 않다. 아마도 발기의 집도, 연우의 집도 왕궁과 그리 멀지 않은 곳에 있었을 것으로 추정된다. 이 모든 일이 왕후의 첫 남편인 고국천왕이 승하한 바로 그날 하룻밤 만에 일어난 일이었기 때문이다.

연우와 함께 왕궁에 도착한 왕후는 다음 날 동이 튼 이후에야 왕의 승하 소식을 공표했다. 이어 여러 신하를 모아놓고 고국천왕의 유조를 빙자하여 연우의 왕위 계승을 확실히 했다.

"대왕께서 돌아가시기 직전 내게 유명을 남기셨소. 다음 왕으로 둘째 아우님이신 연우님을 선택하였으니 성심을 다해 모시라고도 하셨소. 그대들은 이 사실을 널리 알리고 대왕의 유조에 따라 연우님이 왕위에 오르는 데 차질이 생기지 않도록 모든 준비를 신속하게 하시오."

이를 반대하는 신하가 있었다는 기록은 없다. 연우는 그렇게 왕후 우씨의 선택에 의해 고구려의 제10대 왕이 될 수 있었다. 왕후 역시 연우를 왕위에 즉위시킴으로서 자신의 자리를 더욱 공고히 지켜낼 수 있었다. 왕후가 행한 이 사건이야말로 절체절명의 순간을 기지로 넘긴 '신의 한 수'라고 할 수 있을 것이다.

고구려 왕들의 시호를 살펴보면 사후에 묻힌 장지에서 이름을 따는 경우가 많았음을 알 수 있다. 연우는 사후 산상릉에 묻혔기에 산상왕(山上王)이라고 불렸고, 제16대 고국원왕은 고국(故國)의 들(原)에 장사지내져서 그런 시호가 붙었다. 남무는 고국천 언덕에 묻혔다고 하여 시호가 고국천왕이 된 것이다.

발기의 반란

산상왕의 휘는 연우, 또는 위궁(位宮)이라는 또 다른 이름도 기록에 보인다. 특히 「위서」에 남아 있는 그의 '위궁'이라는 휘에 대한 설명이 『삼국사기』에 자세히 전해진다.

'주몽의 후손 궁은 태어나면서부터 눈을 뜨고 능히 볼 수 있었는데 이 사람이 태조다. 지금 임금은 태조의 증손으로서 태어나면서부터 사람을 보는 것이 증조부인 궁과 비슷하였다. 고구려에서는 서로 비슷하다는 말을 "위(位)라고 불렀으므로 이름을 위궁으로 지었다"라는 기록이다. 산상왕의 재위 기간은 197년~227년이다.

왕이 승하하였고, 연우가 그 뒤를 이어 왕위에 등극했

다는 소식을 뒤늦게 접한 발기는 대로하였다.

"감히 연우 이놈이 내 자리를 빼앗았다고? 그것도 왕후와 공모해서?"

그제야 발기는 자신이 한발 늦었음을 깨달았다. 그날 밤, 갑자기 자신을 찾아온 우씨왕후의 이상한 행동도 이해가 갔다. 왕후가 두 왕제를 두고 저울질하였으며, 그녀의 선택에 의해 자신은 내쳐지고 연우가 왕위에 오르게 되었다는 사실에 치가 떨렸다.

그는 당장 사병들을 이끌고 왕성을 에워쌌다.

분노에 찬 발기의 사나운 음성이 성 안팎에 쩌렁쩌렁 울려 퍼졌다.

"형이 죽으면 아우가 왕위를 잇는 것이 예이거늘, 너는 순차를 뛰어넘어 왕위를 찬탈하였으니 이보다 더 큰 죄악이 어디 있겠는가? 속히 나오너라. 그렇지 않으면 너의 처자를 죽이겠다."

그랬다. 이미 혼인을 한 산상왕에게는 처자식이 있었다. 자신이 왕좌에 오르기 위해 왕궁으로 들어간다면 반드시 발기가 노발대발할 것이라는 점과, 두고 온 처자식들이 무사하지 못할 것이라는 점을 알면서도 홀로 입궁했다.

권력이란 얼마나 냉혹하고 잔악한 것인가? 권력 앞에서는 자식도, 형제도, 가족도 도구에 불과했다. 천륜을 거스르는 짓조차 불사하였다. 둘째 아들 해명에게 자결을 명한 유리왕이 그러했고, 태조대왕의 왕좌를 빼앗으려고 역모를 꾀했던 차대왕은 왕좌에 오른 후에도 안심하지 못하여 조카인 막근을 죽였다. 이처럼 산상왕에게도 처자식의 안위보다 왕좌가 더 중했다고 볼 수밖에 없다. 우씨 왕후와의 사이에서 아들을 얻지 못했던 산상왕이 대를 잇기 위해 옛 처자식을 다시 불러들였다는 기록은 없다. 왕의 전처와 그의 자식들이 모두 대로한 발기에 의해 죽임을 당했을 것이라고 추측할 수밖에 없는 이유다.

산상왕은 이미 자신의 선택으로 인해 가족 중에서 그 누군가, 가장 소중한 존재들을 포기해야 한다는 사실을 잘 알고 있었으리라. 그것 또한 두 사람이 하룻밤 사이에 왕위를 놓고 벌인 합의의 결과였을 것이다. 왕후가 차기 왕의 첩이나, 소실이 될 수는 없지 않은가.

왕후와 연우의 대화는 대략 이러하였으리라.

"관례대로라면 순서에 따라 발기가 왕이 되어야 합니
다. 하지만 나는 그대를 왕위에 올릴 생각입니다."

"발기 형님이 가만있지 않을 것입니다."

"대왕의 유조라고 하여 공표할 생각입니다."

"하지만……."

"우리 고구려에는 예로부터 취수혼이라는 혼속이 있
습니다. 형이 죽으면 형수를 아내로 맞는 일이지요. 연우
님이 왕위에 올라 나를 왕후로 맞는다면 대왕의 뒤를 잇
는다는 의미도 될 터이니 그 누구도 반론을 제기할 수 없
을 겁니다. 하지만 그 일에는 상당한 희생이 따르겠지요."

"희생? 예를 든다면 무엇입니까?"

"그대가 처자식을 데리고 왕궁으로 들어간다면, 나는
그대의 첩실이 될 수밖에 없습니다. 물론 나는 그런 그대
를 왕으로 옹립할 생각이 없습니다. 대신 처자식을 버리
고 간다면 그대는 왕이 될 수 있습니다. 다만 발기가 그들
의 목숨줄을 쥐고 그대를 겁박할 것이 뻔합니다. 감당하

실 수 있겠습니까? 물론 나 외에 다른 여인을 후궁으로 들이지 않겠다는 약조도 해주서야 합니다."

"아!"

그렇게 처자식을 버린 대가로 왕좌에 오른 산상왕은 발기의 도발에도 불구하고 사흘 동안 성문을 걸어 잠근 채 아무런 응수도 하지 않았다. 형인 발기의 급한 성품을 잘 알기에 그리하였는지, 발기에게 붙잡혀 있는 처자식에 대한 일말의 죄의식 때문인지는 알 수 없으나, 이때 산상왕은 군사를 동원하여 발기와 싸우려고도 하지 않았다.

다행히 성안에서 발기의 편을 드는 이는 전혀 없었다. 발기의 주장을 옹호하거나, 그가 왕위에 오르는 것을 바라는 세력조차 없었다는 방증이다. 왕위 계승 서열 1위인 발기가 자리를 빼앗겼는데도 아무도 나서지 않았다는 것은 승자의 기록인 탓인지, 그 뒤에 도사리고 있던 또 다른 권력과의 암투로 뒤범벅이 된 모략을 다 담지 못한 탓인지 이 또한 정확히 알 수는 없다. 발기가 왕위에 오르는 것을 원치 않은 그 어떤 세력이 왕후와 합세하여 일을 꾸몄을 수도 있다는 주장도 가능한 이유다.

결국 발기는 왕위를 되찾지 못한 채 처자를 데리고 요동으로 달아날 수밖에 없었다. 그는 당시 요동 태수였던 공손도에게 자신의 사정을 하소연하며 군사 지원을 요청하기에 이르렀다.

"저는 고구려 왕 남무의 동모제입니다. 남무가 죽고 아들이 없는데 저의 아우 연우가 형수 우씨와 함께 공모하여 즉위하였으니, 이는 천륜을 저버린 일입니다. 이에 분하여 상국에 와 의탁하는 것이니, 원컨대 저에게 군사 3만 명을 빌려주시어 그들을 공격하고 고구려의 난을 평정하게 해주십시오."

공손도는 거절하지 않았고, 오히려 그의 요청을 흔쾌히 받아들였다.

요동 지역은 요하의 동쪽을 일컬으며 현재 만주 지역에 해당한다. 당시에는 후한의 영토였으나, 광개토대왕 대에 복속하여 고구려 말까지는 고구려의 영토였으며 이어 발해가 점유하게 된다.

당시 공손도는 요동군을 요서군과 중료군으로 나누

어 태수를 따로 두었을 뿐 아니라, 바다 건너 산동반도 동래군까지 세력을 확장하여 영주 자사를 둘 정도로 세력을 키우고 있었다. 또한 요동후 평주목을 자처하고 아버지 공손연을 건의후(建義侯)로 추봉하였다. 여기에서 '후'는 봉건 시대의 작위로, 주로 제후국의 군주나 지방 통치자를 지칭하는 말이며, 목 또한 특정 지역, 주로 주(州)를 관할하는 최고 행정직에 해당하였다. 이는 일개 지방관이 아닌, 그 지역의 통치자임을 자처하였다는 것을 의미한다.

공손도는 그 외에도 한나라의 시조인 유방과 광무제 유수의 제묘를 세워 하늘에 제사 지내는가 하면, 적전(藉田, 임금이 농부를 직접 부려 일구는 토지)을 두었다. 어가를 타고 구류(九旒)를 사용했으며 모두기(旄頭騎)와 우림기(羽林騎)를 편제하였다. 이에 쓰인 용어들은 대부분 황제가 쓰는 것이었다. 특히 모두기는 한나라 군벌들이 각자 사용하던 독자적인 군기를 의미하는 데 반해, 우림기는 황제의 친위대인 우림군의 깃발이었으니 공손도가 요동을 거점으로 조정과 무관한 독립적인 관료 체계를 운영하였음을 알 수 있다.

조조가 직접 헌제에게 상주해 공손도에게 무위장군, 영녕향후의 작위를 내렸을 때도 공손도는, "내가 요동에서 왕이거늘, 무엇 때문에 영녕향후가 되겠는가?" 하고 인수(印綬. 관직의 표식인 도장과 인끈)를 창고에 처박아버렸다고 한다.

게다가 황건적의 난과 군벌의 난립으로 정국이 어지러워지자 많은 이가 요동으로 밀려와 그에게 의탁하였으니, 그의 위세는 점점 더 커지고 있었다.

그러나 그러한 공손도에게도 국경을 마주한 고구려는 매우 껄끄러운 존재였다. 나날이 강성해지는 기마국 고구려와 여러 차례 전쟁을 치르면서 큰 위협을 느끼고 있었던 것이 사실이다. 이러한 때 도움을 청하러 온 발기의 제안은 그의 처지에서 매우 반가운 일이 아닐 수 없었다. 발기의 반란이 성공만 한다면 고구려를 요동의 지배하에 둘 수도 있을 것이며, 후한 말의 어지러운 정세를 틈타 그리도 바라던 황제의 자리에 오를 수 있는 절호의 기회라고 여겼던 것이다.

발기가 그런 그의 속내를 모를 리 만무했다. 너무나 잘 알고 있었기에 다른 곳도 아닌, 요동에 지원을 요청하러 갔던 것이다. 그렇게 발기는 분한 마음을 억누르지 못한 채, 외세를 끌어들여 고국의 병사들과 일전을 벌이게 되었으니 이는 나라를 전복하려는 역모에 해당하는 크나큰 과오라 할 수 있다.

발기가 요동군을 몰고 오자, 산상왕은 동생 계수에게 군사를 주어 이를 막게 하였다. 이때 우씨왕후는 연나부를 확실히 부활시키기 위해 부족의 군사들을 동원하여 산상왕을 도왔을 것이다. 산상왕이 발기에게 진다면 자신 또한 살아남지 못할 것이 불 보듯 뻔하기에 총력을 다하여 싸우라고 했을 것이다.

결국 발기는 고구려군의 총지휘를 맡은 계수에게 대패하여 도망쳐야만 했다.

"네가 지금 이 늙은 형을 죽이려고 하느냐?"

발기가 쫓기는 와중에 계수에게 외친 소리였다. 계수는 형제 간의 의를 져버릴 수가 없어서 감히 그를 해하지는 못하였다. 대신 이렇게 말하였다.

"연우가 왕위를 사양하지 않은 것은 의가 아니나, 그대가 한때의 분함을 이기지 못하여 나라를 멸하려 함은 어떤 뜻입니까? 죽은 후에 무슨 면목으로 조상들을 뵐 수 있겠습니까."

발기는 그 말에 크게 깨달은 바가 있었다. 빌려온 요동군의 태반을 잃고 패퇴하는 처지에 요동으로 돌아갈 수도, 그렇다고 자신이 배신한 고국으로 돌아갈 수도 없었다. 외세를 끌어들여 나라를 위험에 빠뜨릴 뻔했다는 때늦은 부끄러움과 애초에 우씨왕후가 손을 내밀었을 때 그 손을 순순히 잡았더라면 이런 사달은 일어나지 않았을 것이라는 후회가 밀려왔을 것이다. 결국 그는 배천으로 달아나서 목을 찔러 자결하였다.

고국천왕, 발기, 연우, 계수는 모두 신대왕의 아들이었으나, 한 배에서 태어났는지, 배다른 형제인지는 알 수가 없다. 발기가 요동 태수에게 고하는 말 중에, 자신은 남무와 동모제라고 하였으니, 최소한 고국천왕과 발기는 부모가 같은 친형제인 것만은 확실하다. 그에 반해 연우와 계수의 경우는 그들과 친형제인지 이복형제인지 정확지 않다.

여하튼 그들 모두와 형제였던 계수로서는 발기가 반역을 꾀하여 외세를 끌어들인 것은 괘씸하나, 왕좌를 빼앗긴 그의 반발 또한 어느 정도 수긍할 수 있었을 것이다. 그러한 이유로 발기를 죽일 생각까지는 하지 못하고 있었으리라. 그런데 발기가 부끄러움을 느끼고 자결하였으니 이 또한 슬프지 않았겠는가. 형제끼리 피를 흘리면서까지 권력 쟁탈전을 치러야 했다는 사실만으로도 몹시 안타까웠으니 간소하게나마 발기의 장례를 치러주는 것으로 도의를 다하려고 했을 것이다. 하지만 그러한 그의 행동이 산상왕의 의심을 사게 될 줄은 전혀 예상하지 못했다.

계수는 형 발기의 반란을 진압하고 승장이 되어 돌아올 수 있었다. 결과적으로 이 전투의 승리로 인해 산상왕을 향한 왕위 승계 의혹은 더 이상 수면 위로 떠오르지 않게 되었다.

소식을 전해들은 산상왕 또한 발기의 죽음에 일비일희하였다. 애초에 누가 이 일의 시발점이었는지 누구보다 더 잘 알고 있는 그였기 때문이다. 그럼에도 계수의 행동을 의심하고 책하지 않을 수 없었다.

산상왕은 계수를 내전으로 불러들였다. 승리를 축하하는 동시에 형제의 예로써 연견(延見, 맞아들여서 만나봄)하는 자리에서 그는 계수에게 이와 같이 물었다.

"발기가 다른 나라에 병사를 청하여 제 나라를 침범하였으니, 죄가 막대하다. 지금 네가 그를 쳐 이겼으나 죽이지 아니한 것만으로도 족할 것인데 그가 자살하자 매우 슬퍼 우니, 이는 도리어 짐을 무도하다고 여기고 있는 것인가?"

기껏 왕을 위해 다른 형제와 싸워 죽음으로까지 내몰수밖에 없었던 계수의 처지에서는 왕의 의심이 몹시 황망한 일이었으리라. 하지만 자신이 연우를 대신해서 전장에 나갔다는 것은 그를 왕으로 모시겠다는 의미였다. 왕이 터무니없는 의심을 하였다고 하여 발끈할 수 있는 처지가 아니라는 소리였다.

계수는 산상왕의 책망 섞인 말에 눈물을 머금고 답하였다.

"소신은 이제 한마디만 사뢰고 죽기를 청하옵니다."

"무슨 말인가?"

"왕후가 비록 선왕의 유명으로 대왕을 세웠다고 하더라도, 대왕께서 예로써 사양하지 않은 것은 일찍이 형제의 우애와 공경의 의리가 없었던 것이라고 할 수 있습니다. 하나 신은 대왕의 미덕을 나타내고자 그 시체를 거두어 초빈(草殯, 사정상 장사를 속히 치르지 못하고 송장을 방 안에 둘 수 없을 때에, 한데나 의지간에 관을 놓고 이엉 따위로 그 위를 이어 눈비를 가릴 수 있도록 덮어 두는 일 또는 그렇게 덮어 둔 것)한 것이었을 뿐, 이로 인하여 대왕의 노여움을 사게 될 줄은 생각지 못하였나이다. 만약 대왕께서 어진 성정으로 발기의 잘못을 잊고 형에 대한 예로써 장사를 지내주신다면 누가 폐하를 의롭지 않다고 하겠사옵니까? 신은 이미 사뢰었으니 비록 죽어도 산 것과 같습니다. 청컨대 나아가 유사에게 죽음을 받게 하소서."

그제야 산상왕도 자신의 의심이 옳지 않았음을 깨달았다. 왕은 자신의 잘못을 인정하고 그의 앞에 다가앉아 온화한 표정으로 위로하였다.

"짐이 불초하여 의혹이 없지 않는데 지금 그대의 말

을 들으니 진실로 짐의 허물을 알겠다. 원컨대 그대는 자신을 꾸짖지 말라."

이에 계수가 산상왕에게 절하였고, 왕 또한 맞절을 하였다. 그렇게 서로 간에 쌓인 오해를 풀면서 화목한 시간을 보낸 뒤, 자리를 파하였다. 어느 자리에서나 바른 말을 서슴지 않는 계수의 충직한 성격과, 아직은 왕으로서 자리를 굳건히 다지지 못해 불안한 산상왕의 심기가 잘 드러난 대목이라고 할 수 있다.

그 해 9월, 산상왕은 계수의 의견을 받아들여 왕의 예를 갖추어 발기의 상례를 받들게 하고 배령에 장사지내게 하였다.

이후 산상왕은 우씨왕후와의 약속을 지켰다. 다시 장가를 드는 대신, 우씨를 세워 자신의 왕후로 삼았다. 드디어 우씨가 고국천왕에 이어 두 번째로 그 아우 산상왕의 왕후 자리에 등극하게 된 것이다.

5장

돼지를 잡은 여인

우씨왕후가 연우, 즉 산상왕을 왕좌에 올리는 과정에서 발기를 제외하고는 그 어떠한 반발의 기록조차 남아 있지 않다. 하물며 발기는 자신을 비호하거나 도움을 줄 만한 또 다른 내부 세력을 찾지 못했기에 요동 태수의 힘을 빌려야만 했다. 산상왕의 왕위 계승에 대해 고국천왕의 최측근이자, 국상이었던 을파소의 반대도, 대가들의 반발도 없었다는 얘기다.

이를 두고 우씨왕후의 계략에 을파소가 일조했을 것이라는 주장이 있다. 어쩌면 그러한 방법을 조언한 이가 바로 을파소 자신이었을 수도 있다. 정치 권력의 중심에 있는데도 공명정대하기로 잘 알려진 그가, 이 일에 대한 일언반구도 없었다는 사실이야말로 그의 선택이 무엇이었는지를 잘 설명하고 있는 것이라고 볼 수 있다.

2대에 걸쳐 왕후 자리를 차지하면서 권세를 누리게 된 우씨왕후와 연나부의 힘은 다시금 막강해졌다. 우씨왕후의 입김은 산상왕의 정치 활동뿐 아니라, 고위 관직의 등용에도 큰 영향력을 끼쳤다. 중앙 관직에 연나부 출신 인재들이 대거 등용되었음은 말할 나위도 없었다.

문제는 그녀가 여전히 아들을 낳지 못하고 있다는 점이었다. 고국천왕과 18년, 산상왕과 31년을 함께했지만, 그 긴 세월 동안 아들을 낳지 못했다. 신체적으로 산상왕에게는 생식 능력에 특별한 하자가 없었다. 문제는 우씨왕후였다. 아내의 도리, 왕후의 책무를 다하지 못하여 불안했던 탓인지 질투도 많이 했고 종종 강퍅한 성향을 드러내기도 했다.

그렇다고 산상왕이 왕좌에 오른 것에 만족하여 후사에 대해 큰 미련이 없었던 것은 아니다. 그는 아들을 낳기 위해 산천에서 기도를 드리기까지 하였다.

어찌된 일인지, 『삼국사기』에는 그가 꿈을 꾸었다는 날

짜까지 정확히 기술되어 있다. 재위 7년(203년) 봄 3월 15일 밤의 일이었다. 산상왕은 기이한 꿈을 꾸게 되었다. 꿈에 천신이 나타나서 그에게 이렇게 말했다.

"내가 너의 소후로 하여금 아들을 낳게 할 것이니 염려치 말라."

들인 바도 없는 소후로 하여금 아들을 낳게 한다는 의미는 무엇인가?

그는 이 말을 여러 신하에게 전하였다.

"꿈에 천신이 나에게 이와 같이 간곡하게 말하였는데 소후가 없으니 어찌해야 하는가?"

이를 통해 산상왕이 소후를 들이기 곤란했던 이유가 다름 아닌 우씨왕후와의 약속 때문이었다는 사실을 재차 확인할 수 있다. 또한 그녀의 막강한 권력을 무시할 수 없는 왕의 처지를 눈여겨보아야 할 것이다. 물론 이는 소후를 들여서라도 아들을 낳고 싶다는 산상왕의 간절한 바람이 드러난 대목이기도 하다. 직접 나서기 난처한 일에 신하들을 부추기고 있음이다. 꿈을 빙자하여 자신의 의지를 밝힌 것이다.

그러나 어느 누구도 왕후의 눈에 거슬리는 일에 나서려고 하지 않았다. 당장에라도 소후를 맞으라, 어느 부족 누구의 여식이 용모가 단정하고 현명하다더라, 그렇게 천거하는 이조차 없었다. 오히려 이런 일을 입에 올린 산상왕 자신만 민망해질 따름이었다.

다행히 을파소가 이 일을 지혜롭게 무마하였다.

"천명이란 헤아릴 수 없으니 폐하께서는 기다리십시오."

그는 당장 후비를 들이라고도, 들이지 말라고도 하지 않았다. 을파소 또한 우씨왕후의 눈치를 보고 있었던 것으로 보인다. 그렇다고 왕의 의중을 모르는 바 아니니, 후사가 없어 불안해하는 그를 다독이면서 언젠가 때가 올 거라는 사실 또한 은근히 언질을 주고 있는 것이다.

그런데 이렇듯 왕을 지혜롭게 보필하고 정치 일선에서 위민하는 정치에 진력하였던 을파소가 갑자기 죽었다. 같은 해 8월의 일이다.

그는 늦은 나이에 입관(入官, 관리로 들어감)하여 정치 일선에서 크게 활약한 인물로, 제나라 초대 군주인 강태공이나, 초나라 책사였던 범증에 비견될 정도로 훌륭한 정치인으로 평가된다. 모든 백성이 그의 죽음을 애도하며 통곡하였다고 하니, 만인에게 존경과 흠모의 대상이었던 것이다.

산상왕 또한 고국천왕 대부터 자신이 왕위에 오른 이후까지 소신 있게 국정에 전념해 주었던 을파소의 죽음을 몹시 애통해했다. 그러나 국상의 자리를 비워둘 수는 없는 법, 뒤를 이어 고우루로 하여금 국상 자리에 임하도록 하였다. 고우루의 출신 부족이나, 성품, 그의 업적 등에 대해서는 기록에 전혀 남아 있지 않다. '고'씨 성을 가진 것으로 보아 왕족이거나, 계루부족일 가능성이 높다.

이후 드디어 을파소의 예언처럼 왕이 고대하고 하늘이 허락한 운명의 날이 도래했다.

고구려에서는 매년 겨울에 일관이 길일을 택하여 한 해의 풍년에 감사하고 다음 해의 안녕을 하늘에 기원하는 '동맹(東盟)'이라는 제천 행사가 개최되었다. '동명(東明)'이라고도 불리며, 10월에 행해진 농경 의례로서 지금의 추수 감사제와 왕권 확인, 전 국민 화합의 성격을 모두 갖춘 범국가적 축제라고 볼 수 있다. 동맹에 대한 기록은 『삼국지』, 『후한서』, 『주서』, 『북사』 등에 두루 등장한다. 그 내용을 종합하면 대략 이러하다.

나라 동쪽에 대혈이 있는데 이를 수신(隧神)이라고 불렀다. 수신을 맞기 위해 나무로 깎은 신상을 신좌에 모셨으니 하나는 등고신이라고 불리는, 부여신의 아들인 추모왕의 신상이고, 또 하나는 부여신이라고 불리는 부인상, 즉 추모의 어머니인 유화 부인의 신상이다. 축제 기간에는 남녀가 밤에 모여 노래와 놀이를 즐겼는데 이는 고려의 팔관회로 계승되었다고 알려져 있다. 또한 이때 지내는 제사를 교제(郊祭)라고 하였으며 이 의식에 부정 타는 일이 생기면 나라에 우환이 닥칠 것이라고 여길 정도로 중요시되었다.

산상왕 12년(208년) 겨울 11월, 동맹제의 제물로 선택된 돼지가 달아나는 사건이 벌어졌다.

교제의 재물인 돼지가 달아나는 일은 이전에도 종종 있었다. 특히 유리왕 대에는 두 차례나 돼지의 도망 사건이 발생했다. 첫 번째는 기원전 1년의 일이다. 돼지가 달아나자 탁리와 사비가 이를 잡으러 갔다가 돼지의 다리 힘줄을 끊는 사달을 냈다. 유리왕은 하늘에 올릴 제물에 상처를 냈다고 하여 두 사람을 구덩이에 묻어 처형하였다. 3년 후, 다시 돼지가 달아나자 장생(掌牲) 설지(薛支)가 쫓아가 국내(國內) 위나암(尉那巖)에서 포획했다. 이를 상서롭게 여긴 유리왕은 설지의 의견을 받아들여 국내에 위나암성을 쌓고 그곳으로 천도하였다. 그만큼 교제는 나라의 중요한 의식이었으며, 이때 재물로 쓰이는 돼지를 교시(郊豕)라고 하여 매우 신성한 존재로 여겼다.

그 교시가 산상왕 대에도 달아난 것이다. 이를 담당하는 이가 교시를 잡기 위해 쫓다가 이른 곳이 주통촌이었다. 잽싸게 피해 달아나는 교시는 쉽게 잡히지 않았다. 거칠게 덮쳤다가 자칫 상처라도 입힌다면 죽임을 면치 못할 것이기에 머뭇거리며 선뜻 잡지 못한 이유도 있었다.

이때 그들 앞에 스무 살, 앳되고 아름다운 여인이 웃으면서 나타났다. 그녀는 교시의 앞을 가로 막고 서서 어렵지 않게 이를 잡아주었다. 그렇게 달아났던 교시는 그 해의 동맹 행사를 치르는 데 무사히 재물로 사용될 수 있었다.

이 소식은 산상왕에게도 전해졌다. 왕은 이를 기이하게 여겼다. 신성한 교시를 잡아준 그 여인의 존재를 상서롭게 여겼던 것이다. 어쩌면 꿈속에서 만난 천신의 소리를 그녀와 결부시켰을 수도 있다. 왕이 직접 여인을 보고자 밤에 은밀하게 찾아갔으니 말이다.

시종이 왕의 행차를 알리자 여인의 집에서는 당황해 쩔쩔매며 그를 안으로 모셨다.

"폐하, 어찌 이리 누추한 곳에 납시셨나이까?"

"이번 동맹 의식에 도망간 교시를 잡아준 여인이 이 집에 산다고 들었다."

"아, 그 일이라면…… 송구하옵게도 소인의 집 여식이 무례하게 신성한 교시를 잡긴 하였사오나, 다른 뜻이 있었던 것은 아니옵고……."

"들라 하라."

왕의 명에 그 집 여식이 안으로 불려 들어왔다. 촌구석에서 나고 자란 여인답지 않게 낯이 백분처럼 하얗고, 허리가 호리호리하며, 엉덩이가 풍만한 아름다운 여인이었다. 산상왕은 그녀의 고운 자태에 반해 동침하기를 청하였다.

갑작스러운 왕의 청에 여인의 부모는 어찌해야 할 바를 몰랐다. 그에 반해 여인은 개의치 않고 당돌하게 말하였다.

"폐하의 명을 어찌 감히 피할 수 있겠사옵니까? 다만 총애를 입어 자식이 생기게 되면 소첩을 져버리지 마시옵소서."

이는 청이라기보다 거래였다. 감히 고구려의 왕에게 자신과 하룻밤 정을 통하기를 원한다면, 그의 아이를 낳게 되었을 때 반드시 자신을 보호해달라고 협상을 한 것이었다. 막강한 힘을 가진 왕후가 이 사실을 알게 된다면 목숨을 부지하지 못할 수도 있을 터였기에 혹여 태어날 아이를 담보하여 목숨을 보전하겠다는 분명한 의사 표시였다.

왕은 흔쾌히 허락하였다. 그녀의 영민함이 더욱 마음에 들었을 것이다. 그리고 그녀와 뜨거운 밤을 보낸 후, 자정이 되어서야 궁궐로 돌아왔다. 이때부터 고구려의 권력 서열 1위라고 해도 무방한 우씨왕후가 새로운 국면을 맞게 된다. 두 번이나 왕후 자리에 올랐는데도 아들을 낳지 못하여 겪게 되는 또 한 번의 위기였다.

후녀, 아들을 낳다

그녀의 이름은 후녀(后女)였다. 그녀의 어머니가 그녀를 해산하기 전, 무당이 예언한 바가 있었다.

"반드시 왕후를 낳을 것이다."

그리하여 붙여진 이름이었다.

산상왕은 후녀와의 합방 사실을 그 누구에게도 알릴 생각이 없었다. 알려져서도 안 되었다. 그러나 그렇게 신중을 기하고 암암리에 행한 일이라고 한들, 다른 왕들과는 처지가 다른 산상왕의 일탈이라고도 할 수 있는 중차대한 사건을 왕후 우씨가 모를 리 없었다. 그녀는 애를 낳지 못하는 자신의 비운을 저주하는 한편, 자신이 세운 왕의 일거수일투족을 감시하는 것으로 자리를 지켜내려고

한 것이다.

후녀와의 일을 전해들은 그녀는 제 손으로 왕위에 올린 산상왕에 대한 배신감으로 치를 떨었다.

"어찌 그런 천한 계집을 품으셨다는 말이냐?"

불같은 투기심에 사로잡힌 우씨왕후는 산상왕 13년 (209년) 3월, 급기야 주통촌으로 군사들을 보내면서 후녀를 잡아 죽이라는 명을 내렸다. 아무리 여인의 투기라고는 하나, 승은을 입은 여인을 죽이려고까지 한 것은, 당시 우씨왕후의 위세가 얼마나 대단했는지 간접적으로나마 확인할 수 있는 또 하나의 사례이기도 하다.

군사들이 자신을 잡으러 온다는 사실을 알게 된 후녀는 급히 남복을 하고 집을 빠져나가 도망쳤다. 그러나 멀리 가지 못하고 왕후가 보낸 군사들에게 잡히고 말았다. 군사들은 왕후의 명대로 그녀를 쥐도 새도 모르게 죽일 작정이었다.

그런데 이러한 절체절명의 순간에도 후녀는 당당함을 잃지 않았다. 왕 앞에서도 자신의 목숨을 지켜준다는 약속을 받고나서야 합방을 승낙한 그녀가 아니던가? 오히려 자신의 목에 칼을 들이민 군사들에게 호통을 쳤다.

"너희가 지금 와서 나를 죽이려 함은 왕의 명령인가, 왕후의 명령인가? 지금 나의 뱃속에는 아이가 들어 있으니 이는 실로 왕의 유체다. 나를 죽일 수는 있겠지만 왕자까지도 죽이려고 하느냐?"

후녀가 왕의 아이를 임신했다는 말을 들은 군사들 중 누구도 감히 그녀를 해치지 못하였다. 제아무리 권력 서열 1위인 왕후의 명이라 할지라도 왕의 용종을 해한다는 것은 구족이 멸할 대역죄에 해당하기 때문이었다.

군사들은 돌아와 왕후에게 이 사실을 고하는 것 외에는 달리 방법이 없었다.

"뭐라? 후녀가 폐하의 아이를 가졌다고? 이런 말도 안 되는 일이……. 폐하께서 이런 식으로 나를 배신한다는 말인가? 나 외에 다른 여인을 품어 아이까지 갖게 하다니! 절대 용서할 수 없다. 내 이번 일만은 절대 가만있지 않을 것이야!"

대로한 왕후는 재차 군사를 보내려고 하였다. 하지만 결국 뜻을 이루지 못하였다. 산상왕이 그보다 먼저 후녀의 임신 사실을 알게 되었기 때문이다.

왕은 직접 후녀의 집으로 찾아가 물었다. 왕의 방문에 후녀는 기다렸다는 듯 그를 맞았다. 살짝 불러온 그녀의 배를 보니 임신이 확실하였다. 그렇다면 누구의 아이인지만 알면 되었다.

"너는 지금 누구의 아이를 밴 것이냐?"

후녀는 서슴없이 답하였다.

"소첩이 평생 형제와도 동석치 아니 했거늘, 하물며 남자를 가까이 하겠습니까? 지금 복중에 있는 아이는 실로 대왕의 유체이옵니다."

산상왕은 몹시 기뻐하였다. 그가 그토록 바랐던 일이 이루어진 것이다. 왕은 후녀에게 많은 선물을 주어 위로하고 궁으로 돌아왔다. 이어 가장 먼저 찾은 사람이 우씨 왕후였다. 그는 그녀에게 후녀의 임신 사실을 알렸다. 아마도 이러한 말을 했으리라.

"짐의 아이를 가진 여인이오. 더 이상 건드리지 마시오. 이유는 왕후가 가장 잘 알고 있을 것이오."

산상왕이 왕후를 만나 어떠한 말을 했는지는 기록에

남아 있지 않다. 다만, 우씨왕후가 계획한 바를 더는 행하지 못한 것으로 보아 이 정도의 의미를 전달하지 않았을까 추측할 따름이다. 이는 산상왕이 왕위에 올라 처음으로 왕후에게 반항하면서 보낸 경고인 셈이다. '건드리지 말라. 왕의 용종을 품은 여인을 해하려고 한다면 이는 씻을 수 없는 죄악이자, 역모에 해당할 것이니 아무리 그대라도 용서치 않겠다'라는 엄포 내지 무소불위한 왕의 권위를 드러낸 순간이 아니었을까.

우씨왕후는 더 이상 후녀를 해할 엄두를 내지 못했다. 후녀의 임신으로 인해, 왕과의 사이에 자식을 낳지 못한 것은 자신의 부덕 때문임이 여실히 드러났다. 아무리 자신이 왕을 세운 주역이라고 한들, 이 나라의 주인은 그녀가 아닌 산상왕이었다. 그 어떤 맹약도 왕의 후손을 끊는 일이어서는 안 된다는 사실을 그녀는 누구보다 잘 알고 있었다. 약속을 깼느니, 배신이니 하는 것은 태어날 후사 앞에서 아무런 의미가 없었다.

그렇게 왕의 비호 아래 목숨을 건진 후녀는 그 해 9월에 아들을 낳았다. 이를 전해 들은 산상왕의 기쁨은 이루

말할 수가 없었다.

"이는 하늘이 나에게 대를 이을 아들을 주신 것이다."

그는 곧바로 후녀와 아들을 궁으로 맞아들였다. 또한 아들의 이름을 교시 덕에 얻은 아들이라는 의미로 교체 (郊彘)라고 하였고 후녀를 소후(小后)에 봉하였다. 공교롭게도 산상왕의 의지를 읽은 을파소의 예언이 맞아떨어진 셈이다.

『삼국사기』에는 후녀가 교체를 낳은 해의 10월, 왕이 재위 2년부터 쌓기 시작하여 완공된 환도성으로 도성을 옮겼다는 내용이 있다. 환도성은 서기 3년(유리왕 22년)에 유리왕이 국내성으로 천도하면서 쌓았던 산성인 위나암성이다. 대무신왕 대에 한나라 요동 태수가 침략했을 때 이곳에서 항거한 바 있다.

고구려는 산지가 많고 지형이 험하기 때문에 평지의 왕성과 산성, 두 곳을 동시에 활용하는 일이 많았다. 평시에는 왕성에서 지내다가 전시나 이에 준하는 상황이 되면 적을 방비하기 위해 가까이에 있는 산성으로 옮겨 생활하는 것이다. 산상왕 재위 2년에 환도성을 쌓았다는 것은 아마도 오래되어 부실해진 성곽을 새로 증축한 것으로 보인다. 또한 평지성인 국내성에서 환도성으로 옮겼다는 것은 당시가 전시와 다름없는 상황이었다는 것을 의미한다. 다음 왕인 동천왕 대에 큰 전쟁을 치렀던 것으로 볼 때 이미 이때부터 조짐이 있었을 것이라고 추측할 수 있다. 이 성은 동천왕 대인 246년, 위나라 유주 자사(幽州 刺史) 관구검(毌丘儉)의 공격으로 파괴되었다가, 약 100년 후인 고국원왕 12년(342년)에 왕이 수리하여 다시 옮겨가 살게 된다. 그러나 같은 해 전연의 공격으로 파괴되는 등, 도성으로 쓰인 기간은 고작 47년에 불과하다.

교체는 산상왕의 지극한 사랑을 받으며 무럭무럭 자랐고 6살(213년)이 되자 왕태자로 책봉되었다.

산상왕 재위 21년(217년) 8월에는 한나라 평주 사람인 하요가 백성 1,000여 호를 이끌고 의탁해 왔다. 왕은 이들을 받아들여 책성에 안치하였다.

재위 28년(224년)에는 교체가 아들을 낳자 이름을 연불(然弗)이라고 하였다. 연불은 동천왕(東川王)에 이어 고구려 제12대 임금 자리에 오르는 중천왕(中川王)이다.

왕이 재위 31년(227년)에 승하하여 산상릉에 장사지냈기에 시호를 산상왕이라고 하였다. 『삼국사기』의 내용이다.

태후의 심술맞은 시험

산상왕의 아들인 교체가 산상왕에 이어 왕위에 올랐다. 그가 바로 제11대 동천왕(東川王)이며, 휘는 우위거(憂位居)다. 교체는 아명인 셈이다.

산상왕이 승하한 후 끈 떨어진 연 꼴이라고 여겼을지 모르나, 우씨왕후의 위상은 여전했다. 그녀와 연나부의 도움으로 산상왕이 등극하였기에, 조정의 요직에 연나부 출신들이 대거 등용되어 정치적 실세로 자리하고 있었다. 실례로 동천왕 재위 4년(230년) 7월에 국상 고우루가 죽고 우태 명림어수가 국상에 올랐다. 앞서 언급했듯이, 명림어수가 명림답부와 같은 성씨였다는 것만 보더라도 같은 연나부 출신일 것이라고 추측할 수 있다. 차후 중천왕의 왕후 연씨 또한 연나부 출신으로 알려져 있다. 물론 이후에도 연나부는 계속해서 왕후를 배출하며 승승장구하게 되니 그만큼 산상왕 승하 이후에도 우씨왕후의 위세나 대우에 아무런 문제가 없었다고 볼 수 있다.

애초에 우씨왕후는 왕에게 후비를 들이지 말 것을 요구하였고, 소후가 왕궁에 들기 전까지도 투기를 부린 바 있었다. 산상왕과 잠자리를 했다는 사실만으로도 그녀를 죽이려고 한 왕후였던 만큼, 산상왕과 후녀 사이에 태어난 동천왕에 대한 감정이 좋았을 리 만무하다. 그러나 그녀는 한 나라의 왕후였다. 사사로운 감정으로 차기 왕을 함부로 대했다가 왕의 미움을 사서 철퇴를 맞을 수도 있다는 사실을 모르는 어리석은 사람이 아니었다. 고국천왕 대에 어비류와 좌가려의 난으로 폐위될 수 있는 위기에까지 몰렸던 그녀가 아니던가. 그래서 어쩔 수 없이 새 왕을 제 손으로 올리는 목숨을 건 승부수를 던져야 했던 그녀였지 않은가. 그녀는 여러 위기를 극복하여 두 왕을 섬겼고, 그 뒤를 이은 동천왕을 새 왕으로 맞았다. 당시 동천왕과 우씨왕후의 관계가 대략 어떠하였는지 알 수 있는 기록이 『삼국사기』에 남아 있다.

동천왕이 왕위에 오른 후, 궁 밖으로 놀이를 하러 나간 적이 있었다. 우씨왕후는 사람을 시켜 왕이 타고 다니는 노마의 갈기를 자르도록 하였다. 멋진 갈기란, 말을 탄 이의 위용을 살려주는 요소이기도 하므로, 그녀의 행위는 왕의 권위를 떨어뜨릴 수 있는 매우 무모하고도 위험한 짓이었다. 우씨왕후의 처지에서는 분명한 심술이고, 산상왕을 후비에게 빼앗겼다는 투기, 더하여 내 아들이 없어서 다른 계집의 아들로 왕위를 잇게 되었다는 것에 대한 분심이라고 볼 수도 있을 것이다. 물론 『삼국사기』의 기록에 나온 것처럼 동천왕이 왕의 재목으로 합당한지를 시험해 보기 위한 행동이었던 것도 사실일 것이다.

그런데 동천왕은 이와 같은 왕후의 심술맞은 시험에 전혀 동요하지 않았다.

"말이 갈기가 없으니 가련하다."

오히려 갈기 잃은 말을 동정했을 뿐이다. 아마도 그도 누가 그러한 심술을 부렸는지 알고 있었을 것이다.

우씨왕후의 심술은 한 번으로 끝나지 않았다. 다시 시

중에게 지시하여 왕의 수라상을 들이면서 일부러 용포에 국을 엎지르도록 하였다. 왕은 이번에도 노여워하지 않았다. 오히려 그러한 우씨에게 효도하고 그녀를 왕태후로 삼기까지 하였다. 그의 관인(寬因, 마음이 너그럽고 어짊)한 성품이 잘 드러난 실례라고 할 수 있다.

물론 우씨의 심술에는 큰 악의가 보이지 않는다. 왕을 죽이겠다고 독약을 준비한 것도 아니오, 자객을 보낸 것도 아니다. 정실부인이 첩의 자식에게 드러낼 수 있는 소심한 분풀이의 차원을 넘지 않는다. 누가 감히 왕의 것에 손을 대고, 부러 실수를 범하고도 살아남을 수 있을 것인가. 동천왕의 인후함을 확인하는 과정인즉, 왕태후 우씨의 건재함을 드러내는 또 하나의 대목인 셈이다.

동천왕 재위 8년(234년)에는 위나라에서 왕에게 사신을 보내어 화친을 맺게 되었다. 당시 위나라는 조조의 손자인 명황제 조예(明皇帝 曹叡) 재위 8년에 해당했고, 촉한은 유비의 아들인 회제 유선(懷帝 劉禪) 재위 12년, 오나라는 대황제 손권 재위 13년에 해당하였다. 여전히 삼국이 칼을 맞대고 싸우는 상황이었지만, 그 나라들 중에서 위나라의 세력이 가장 컸기에 동천왕은 위와의 화친에 응하였다.

같은 해 9월, 왕태후 우씨가 승하하였다. 동천왕이 태어나 궁궐에서 자라는 동안, 그에게 가장 큰 영향을 끼친 사람은 우씨왕후였다. 정적을 쳐내지 않고 포용할 수 있는 정치적인 노련함을 체득하게 한 것도, 군주로서 백성을 아우르는 어진 마음도, 모두 그녀의 보이지 않는 권력 행사에 응수하는 과정에서 배울 수 있었을 것이다. 우씨왕후는 그가 소후의 아들이긴 하나, 하나뿐인 산상왕의 아들이었기에 태자로서의 기량과 학문을 갖추어야 한다고 여겼으니 더욱 엄하게 채찍질하였다고 볼 수 있다.

그녀는 임종 직전, 모든 회한을 담아 유언을 남겼다.

"내가 (일찍이) 행실(절개)을 잃었으니 무슨 면목으로 국양(고국천왕)을 지하에서 보랴. 만일 여러 신하가 차마 구덩이에 버리지 아니하려거든 나를 산상왕릉 곁에 묻어주기를 바란다."

살아남기 위해서라고는 하나, 취수혼을 이용해 첫 남편의 아우를 새로운 남편으로 맞은 것에 대한 일말의 죄스러움, 그럼에도 끝끝내 산상왕의 왕후는 자신뿐이라는 그녀 나름의 독점욕이 강하게 드러난 유언이었다.

그녀는 바람대로 산상왕릉 곁에 묻혔다.

그로부터 얼마 후, 무당이 강림한 고국천왕의 말씀을 다음과 같이 전했다.

"어제 우씨가 천상에 온 것을 보고 (내가) 분함을 이기지 못하여 그에 그녀와 싸움을 하였는데, 물러와 생각하니 그 낯이 뻔뻔하여 차마 나라 사람을 볼 수가 없다. 너는 조정에 고하여 무엇으로든 나를 가려주게 하라."

그리하여 고국천왕의 능 앞에 소나무를 일곱 겹으로 심었다는 일화 또한『삼국사기』에 전한다.

고구려의 왕후가 되었지만 출신 부족의 반란으로 추락한 자신과 부족의 재기를 위해 스스로 목숨을 건 위험한 도박을 해야만 했던 우씨왕후, 그녀의 빠른 용단과 대담함이야말로 고구려 여인의 남다른 기백을 잘 드러낸 대표적인 예라 할 것이다.

6장

동천왕, 고구려를 지켜내다

　　동천왕은 아버지 산상왕과, 왕후 우씨가 아닌 주통촌 후녀와의 사이에서 태어났다. 그 외의 형제에 대해서는 기록에 나타나지 않는다. 인후한 성품으로 신하들과 백성들을 아꼈던 임금으로 전해진다.

　　그는 앞서 언급하였듯이, 재위 8년(234년)에 위나라와 화친을 맺은 바 있었다. 그러한 외교적 관계로 인해 2년 후에는, 역시 화친을 맺고자 고구려에 온 오나라 사자를 베어 죽인 뒤 그의 머리를 위나라에 전달하기도 하였다. 이는 233년, 오나라 사신을 죽여 그 목을 위나라에 보낸 공로로, 위나라 명제로부터 대사마에 임명되고 낙랑공에 봉해진 요동 태수 공손연(公孫淵)과 동일한 행동이었다. 그러나 요동의 왕이 되고자 했던 공손도의 손자인 공손연 또한, 연왕을 자처하며 위나라에서 명한 입조를 거부한 채 저항하다가 위나라의 공격을 받게 되었다. 그만큼 당시 중국의 삼국 중에서 위나라의 위세가 가장 높았으며, 이에 반하는 행위는 언제든 침략의 명분이 될 수 있다는 걸 의미했다.

동천왕은 이후에도 위나라와의 관계를 잘 이어나가려고 노력했다. 재위 11년(237년)에 위나라의 연호를 따서 경초(景初) 원년이라고 하였으며, 12년(238년)에는 위의 태부 사마선왕(司馬宣王, 사마의)이 무리를 이끌고 와서 요동의 공손연을 토벌할 때, 주부와 대가에게 군사 1,000명을 주어 위군을 돕도록 하였다. 이 전쟁으로 인해 요동의 공손씨 일가는 패망하였다.

그러나 동천왕의 이 같은 노력에도 불구하고 위나라는 요동에 이어 고구려까지 정벌에 나섰다. 요동의 공손씨 정권이 패망하고, 위와 고구려가 직접 국경을 맞대게 되면서 요동에 대한 점유권을 놓고 벌인 영토 분쟁 때문이었다.

패자 득래가 위나라를 침범하는 동천왕을 만류하며 여러 차례 간하였다. 그러나 왕이 이를 듣지 아니하니 탄식하다가 굶어 죽었다는 기록이 『삼국사기』에 전한다. 이 기록을 통해 요동을 쟁취하기 위한 도발을 먼저 시작한 사람이 다름 아닌, 동천왕이라는 사실을 알 수 있다. 위나라와의 영토 분쟁이 격화되자, 재위 16년(242년)에는 동천왕이 장수를 보내어 요동의 서안평현을 습격하였는데 이는 두 나라 간의 관계가 완전히 틀어져서 전쟁이 발발하는 계기가 되었다.

이에 위협을 느낀 위나라는 동천왕 재위 20년(246년) 8월, 유주 자사 관구검으로 하여금 군사 10,000명을 이끌고 현도를 나와 고구려를 정벌하게 하였다. 동천왕은 직접 보·기병 20,000명을 거느리고 비류수 위에서 싸워 적병 3,000명을 전사시키는 대승을 거두었다. 이어 양맥의 골짜기에서도 적을 대파하였는데 참획(斬獲, 베어죽이거나 사로잡음)한 수가 또한 3,000명에 달하였다.

이에 기세등등해진 동천왕이 여러 장수에게 이렇게 말하였다.

"위의 대군이 도리어 우리의 소군만 같지 못하다. 관구검은 위의 명장이지만, 이제 그의 목숨은 우리의 손에 달려 있다."

잠깐, 여기에서 숫자의 오류가 보인다. 관구검이 이끌고 온 병사의 수가 10,000명, 이를 막기 위해 동원된 고구려군은 20,000명이라고 하였다. 그런데 동천왕은, "위의 대군", "우리의 소군"이라는 말을 하고 있다. 대국의 군, 소국의 군이라고 이해해야 하는 건지, 숫자의 오류인지는 정확지 않다. 당시 관구검이 이끌고 온 병사의 수가 10만이었다는 주장도 있지만 이 또한 기록과 다르니 확신할 수는 없다. 초반 연패로 많은 병력을 잃었는데도 이후 고구려를 궁지에 몰아넣었던 전체적인 전쟁의 추이로 볼 때 기록상의 10,000명이 아닌, 적어도 고구려군보다 훨씬 많은 수의 위군이 동원되었을 것이라는 추측이 가능할 뿐이다.

두 번의 전투에서 승리를 거머쥔 동천왕은 다음 전투에 철기병 5,000기 등을 이끌고 나아가 싸우게 되었다. 이때의 철기병이 바로 '개마무사(鎧馬武士)'다. 말 그대로 철

갑 입힌 말을 타고 자신들도 철갑옷으로 중무장한 중장기
병이다. 이후 광개토대왕의 정복 사업에 큰 공을 세우는
등 군사 강대국인 고구려의 선봉이 되었던 대표적인 군사
집단으로 알려져 있다. 물론 신라와 가야에도 철갑기병
은 있었다. 그런데 그들의 철갑은 하나의 통으로 된 갑옷
으로 기동성과 유연성이 떨어졌다. 반면, 고구려의 철갑
은 작은 비늘 모양의 쇠판을 일일이 꿰매어 움직임을 자
유롭게 했던 찰갑으로, 매우 과학적이었으며 그만큼 공격
과 수비에 용이했던 것으로 알려져 있다.

그러나 당시의 기록이 고구려 철기병의 첫 등장이었
던 만큼 그 기능에서 이후의 것과는 현격한 차이가 있었
던 것으로 보인다. 관구검이 방진(方陣. 병사들을 사각형
으로 배치하여 친 진)을 치고 결사적으로 싸웠다고는 하
나, 고구려군의 전사자만 18,000여 명에 달할 정도로 위군
에게 무참하게 박살나는 등 병력에서 절대적인 우위에 있
었다고 볼 수 없기 때문이다. 동천왕은 가까스로 살아남
은 1,000여 명의 기병을 이끌고 압록원으로 달아나는 위
기에 처하게 되었다.

관구검은 그 해 10월, 승세를 업고 당시 국내성 대신 왕성으로 사용되었던 환도성까지 함락하는 데 성공했다. 그는 거기서 멈추지 않았다. 장군 왕기를 보내어 동천왕을 추격케 하였다. 결국 동천왕이 남옥저까지 달아나 죽령에 이르렀을 때에는 그의 곁에 남은 군사가 거의 없었다.

이때 남은 얼마 되지 않은 군사들 중에서 동천왕 앞에 나아가 그의 도피를 도운 이가 있었다. 동부 출신의 밀우(密友)였다.

"지금 쫓는 병사들이 매우 가까이 닥쳐 사세를 면하기 어렵습니다. 청컨대 신이 죽기를 작정하고 적을 막을 터이오니 대왕께서는 (그 틈을 타서) 도망하시옵소서."

밀우는 결사대를 모집하여 적군을 막기 위해 필사적으로 싸웠다. 그 사이 동천왕은 사잇길로 달아났고 그 덕에 산곡간에서 흩어진 군사들을 다시 모을 수 있었다.

전열을 가다듬은 동천왕은 먼저 밀우를 구해오라는 명을 내렸다.

"능히 밀우를 데려오는 사람이 있다면 후한 상을 주

리라."

이번에는 하부 출신의 유옥구(劉屋句)가 자청하고 나섰다.

"신이 가겠나이다."

그렇게 싸움터로 달려 나간 유옥구는 바닥에 쓰러져 있는 밀우를 찾아내 업고 돌아오는 데 성공했다. 동천왕은 밀우가 깨어날 때까지 자신의 무릎 위에 뉘었을 정도로 그에 대한 고마움을 드러냈다. 그러나 그대로 눌러앉아 있을 만큼 여유 있는 상황은 결코 아니었다. 끈질기게 추격해온 위군이 지척에 다다랐기 때문이다. 더 이상 도망칠 곳이 없었다.

이때 다시 동부 사람 유유(紐由)가 왕 앞에 나섰다. 동천왕은 그의 계책을 듣고 승낙하였으며 유유는 직접 위나라 장수를 찾아가 거짓 항복을 하였다.

유유가 왕반에게 준비한 음식을 바치며 말하였다.

"우리 임금이 대국에 죄를 짓고 혜빈으로 도망해 왔으나 몸을 둘 곳이 없어 장차 귀진 앞에서 항복을 청하고 죽음을 사구(司寇, 사법관리)에게 맡기고자 하오나 그 전에 먼저 소신을 보내어 변변치 못한 것이나마 드리오니 종자(從者, 남에게 종속되어 따라다니는 사람)의 음식이라도 하십시오."

위의 장수는 그의 항복에 흡족해하며 음식을 받으려고 하였다. 이때 유유가 식기 속에 감추어 두었던 칼을 빼어 달려들었다. 적장은 비명을 지를 사이도 없이 가슴에 칼이 찔려 죽었는데 유유 역시 그 자리에서 죽음을 맞아야만 했다.

장수를 잃은 위군은 혼란에 빠졌다. 동천왕은 기회를 놓치지 않고 군사를 세 길로 나누어 위군을 급히 공격했다. 진을 이루지 못하고 허둥지둥하던 위군은 낙랑 방면을 거쳐서 퇴각하기에 이르렀다.

이로써 동천왕 대에 벌어졌던 위나라와의 전쟁은 우여곡절 끝에 고구려의 승리로 끝나게 되었다. 그러나 전쟁이 고구려 영토를 휩쓸었으니 그 피해 역시 고스란히 고구려가 입었다.

이후, 동천왕은 전화로 인해 피해를 입은 고구려를 복구하는 데 온힘을 쏟았다. 재위 21년(247년) 2월에 난리를 치르면서 폐허가 된 환도성을 복구하는 대신, 평양성을 쌓아 백성과 종묘사직을 옮겼다. 이때의 평양성 위치를 집안이나 장자강 유역으로 보는 견해가 있으나, 그 외이견들이 있어 정확지 않은 위치 비정에 대해 언급하지 않겠다. 다만 제24대 양원왕 8년(552년)에 축성을 시작하여 제25대 평원왕 28년(586년)에 완공하면서 천도한 평양성(장안성)과는 그 위치가 다르다는 주장이 정설로 여겨지고 있다.

동천왕은 전공에 맞춰 상을 내릴 때에도 자신을 위해 목숨을 건 의인들을 소홀히 대하지 않았다. 가장 큰 공을 세운 이로 밀우와 유유, 다음은 유옥구를 선정하여 후한 상을 내렸다.

동천왕은 이미 위나라와의 전쟁이 발발하기 직전인 재위 17년(243년)에 왕자 연불을 왕태자로 봉했다. 재위 19년(245년)에는 동해 사람이 바친 미녀를 후궁으로 삼았다. 산상왕 대에 동천왕이 연불을 낳고, 이후 동해 미녀를 후궁으로 삼았다는 기록은 있으나, 동천왕의 정실 왕후가 누구인지, 어디 출신인지조차 정사의 기록에 전해지는 바가 없다.

그 해에 왕이 이번에는 군사를 내어 신라의 북변을 침략했다. 3년 후인 재위 22년(248년) 2월에는 신라가 고구려와 화친을 맺기 위해 사신을 보냈다. 이미 고구려 영토 안에서 일어난 전쟁으로 엄청난 경제적 손실을 입었음에도 대내외적으로는 대국인 위나라를 물리침으로써 그만큼 고구려의 위상이 높아져 있었던 것이다.

동천왕은 재위 22년 9월에 승하하였다. 왕의 은덕을 떠올리며 서러워하지 않는 이가 없었다. 또한 왕을 가까이에서 모시던 근신 중에는 자살하여 스스로 순장하려 하는 자가 많았다. 뒤를 이어 왕위에 오른 중천왕이 순장은 예가 아니라고 하여 금하였는데도, 장사를 지내는 날에 능에 와서 순사하는 자가 많아 이를 막을 수가 없을 정도였다. 이때 나라 사람들이 섶(땔나무)을 베어 순사한 시체를 덮어주니 땔나무 '시' 자를 써서 그곳을 시원(柴原)이라고 하였다. 이 기록은 고구려의 마지막 순장 기록으로, 그만큼 동천왕이 당시 나라 사람들에게 존경받는 왕이었다는 것을 알 수 있다.

그러나 이후의 동천왕에 대한 기록이 모두 호의적이지만은 않았다. 조선 성종 16년(1485년)에 신숙주, 서거정 등에 의해 편찬된 조선 최초의 관찬 통사인 『동국통감(東國通鑑)』에는 "동천(東川)은 천성이 관인하여 임금의 도량이 있었으나, 충신의 간함에 성을 내었으며, 상국(上國)을 침범해서 갑자기 승리하자 곧바로 교만해졌다. 하지만 한 번 패하게 되자, 도망가는 신세로 전락하여, 망국(亡國)의 지경에까지 이르게 되었으니 이것이 어찌된 일인가?"라고 기록되어 있다.

이 기록에서 왕에게 간한 '충신'은, 앞서 언급했던 득래를 이르는 말이다. 위나라를 침범하지 말라고 여러 차례 간하였으나, 왕이 이를 듣지 않자 탄식하며 굶어 죽었다는 그 인물이다. 물론 이는, 중국을 상국으로 섬기는 사대주의 국가인 조선이었기에 가능한 평가일 뿐이다. 옛 역사이긴 하나, 자신들이 사대하는 나라를 침략했다는 것만으로도 불경하다고 여겼기에 혹평한 것이다.

국경 분쟁으로 인해 선공을 행한 이는 동천왕이 분명하다. 요동의 공손씨가 몰락한 상태에서 위나라와 국경을 마주한 고구려의 처지에서는 방어보다는 선공이 최선이었다. 어차피 동천왕의 선공이 아니었다 하더라도 위가 요동을 점거한 뒤, 다음은 고구려가 침략의 대상이 되었을 것이 분명하기 때문이다.

동천왕은 나라의 위기를 맞아 몸소 군을 이끌고 참전하였고, 전후에 신속한 복구로 안정에 힘쓴 군주였다. 그러한 동천왕의 행동을 교만하다고 표현한 것, 전쟁 상대국인 중국을 '상국'이라고 우러르며 '감히' 공격하여 망국의 지경에까지 이르게 되었다는 따위의 기술은 실로 망발이라고 할 수 있을 것이다.

고구려뿐 아니라, 조선의 역사서가 우리의 역사를 비판할 때 이와 같은 경우가 허다하다. 국수주의는 결코 바람직하지 않지만, 사대주의나 왜곡으로 내 조상의 나라를 폄훼하는 비뚤어진 사관은 지금까지도 많은 혼란과 분열을 초래하는 폐해로 남아 있다. 일제강점기를 마치 일본이 근대화해준 시기이고, 우리의 독립운동가들이 목숨 걸고 싸웠던 부분은 배제한 채 미국의 도움이 있었기에 우리나라가 해방되었다는 식의 잘못된 인식을 하고 있는 사람들이 아직도 존재하고 있다는 사실이 그러하다.

동천왕은, 그 시절 나라를 굳건히 지켜낸 고국천왕, 산상왕 두 왕을 모신 나라의 국모로서 시대를 풍미한 우씨왕후의 계자(繼子, 자기가 낳지 아니한 남편의 자식)다. 그녀의 삶을 관통하는 가장 아픈 상처이기도 하겠으나, 그녀가 인정한 만큼 왕이 되기에 전혀 부족함 없는 인물로 최선을 다한 왕이기도 하였다. 위나라에 사대하기보다는 전쟁을 치르더라도 자주국으로서의 위엄을 지키기 위해 싸웠으며 그 전쟁을 승리로 이끈 왕이었다. 또한 그러한 동천왕이 산상왕에 이어 왕좌에 오르는 데 당시 권력 실세였던 우씨왕후의 공이 있었음을 부인하기는 힘들 것이다.

고구려가 중국과의 대등한 싸움을 치러내며 주변국들이 함부로 넘볼 수 없는 자주국으로서 우뚝 서게 된 동천왕 이후, 제15대 미천왕(美川王) 대에 영토 확장에 진력하였고 제17대 소수림왕(小獸林王) 대에 강대국 고구려의 기반을 마련하였으며, 광개토태왕, 장수왕 대에 정복 군주로서 천하를 호령하고, 영양왕 대에 수나라의 침략을 막아내어 결국 그 나라를 몰락시키는 등, 우리 역사의 가장 위대한 시대를 구가한 대국으로서 그 역사를 다시금 평가하고 재조명해야 할 것이다. 이렇게 웅장한 고구려의 역사에서 한 시대를 풍미한 여인 우씨왕후가 재평가 받아야 하는 이유이기도 하다.

나는 우씨왕후다

한 나라의 왕후란 어떤 자리인가? 왕의 내자로서, 만백성의 어머니로서 자애로운 모성을 드러내는 자리다. 왕을 보필할 때 투기하지 말아야 하며, 왕의 심기가 평안하게끔 은애하고 충심을 다해야 한다. 그중에서도 왕의 후사를 생산하여 대를 잇게 하는 일이 가장 중요하다.

그러나 원통하게도 나는 그리하지 못하였다. 나라의 국본을 생산하지 못하였으며 그로 인해 다른 여인을 투기하였음을 인정하는 바다. 군이 이에 대한 변명을 하자니 구차하기까지 하다. 그럼에도 해야겠다. 후세에 나의 공은 묻어 버린 채 그저 여필종부하지 못하여 두 낭군을 섬긴 것을 두고 절개 없는 행동이라고 비난하고 있지 않은

가. 그것도 첫 낭군이 죽은 날, 바로 그러한 행동을 했다는 점을 더욱 추하게 여기고 있지 않은가. 그런데 나를 비난하는 자들이 만약 당시의 나와 같은 처지에 놓였다면 과연 어찌하였을까? 죽음을 목전에 두고도 가만히 받아들일 것인가? 그것이야말로 아둔하고 무능한 짓이 아니고 무엇이겠는가? 시시비비를 가려야겠다.

나는 연나부 우소의 딸로 태어나 고국천왕의 왕후가 되었다. 위세 있는 귀족 가문 출신으로 부족함 없이 자라, 여인으로서 가장 높은 자리에 올랐으니 그보다 더한 영광은 없을 것이다.

나의 첫 번째 낭군인 고국천왕께서는, 부족한 나를 아끼고 사랑하였던 분이셨다. 나 또한 당연히 그를 몹시 존경하고 흠모했다. 하늘을 이고 질 것처럼 시야에 가득한 옥체의 장대함과 대지를 깔고 앉은 듯한 듬직함에 얼마나 가슴 설레었는지 모른다.

그분은 나의 낭군이기도 했지만, 백성들의 어버이기도 하셨다. 나라와 백성들을 위해서라면 직접 전장에 나아가 진두지휘하는 것을 두려워하지 않는 강한 분이셨다. 그날도 그랬다. 후한의 대군이 내침하였을 때였다. 믿을 만한 장수를 보내도 되었건만, 친히 정기(精騎)를 이끌고 전장에 나가셨다. 적의 대군과의 전쟁으로 인해 나라가 짓밟힐 수도 있으니 직접 이를 막아내는 것이야말로 왕의 책무이자 도리라고 여기셨던 것이다. 그렇게 용맹하고 무쇠 같은 성정을 가진 그분은 좌원에서 적을 섬멸한 영웅이기도 하셨다.

하지만 전장을 누비는 장수를 둔 아내라면 누구라도 매번 불안하고 안타깝지 않겠는가. 나 또한 그러하였다. 나는 대왕께서 전장에 나가실 때마다 직접 찰갑을 입혀 드리곤 하였다. 대왕께서는 아실까? 혹여 적의 창칼로 인해 귀한 용체에 털끝만큼의 흠집이라도 날까 두려운 나머지, 내가 직접 쇳조각 하나하나 정성을 다해 찰갑을 꿰매어 만들었다는 사실을 말이다. 모르실 것이다. 그 사실을 아셨더라면 내 가는 손가락 끝에 맺힌 핏자국을 어루만지면서 콧등을 찌푸리셨겠지.

"이 고운 손끝으로 내 상처를 감싸려고 했던가? 그대가 나를 대신해서 전쟁을 치르고 있었구먼."이라고 하시면서 말이다.

그는 그런 분이셨다. 군사를 통솔할 때는 무섭게 몰아치지만 나를 대할 때는 그 기백은 온데간데없이 한없이 자상하고 부드러우셨다. 그런데 그러한 대왕의 은혜에 보답하기는커녕 나의 그에 대한 충심과 애모하는 진심마저 한순간에 박살내 버린 사건이 일어나고 말았다. 나의 친척들이 감히 왕후인 나의 이름을 팔고 자신들의 직위를 이용하여 역모를 꾀한 것이다. 외척으로서 그 누구보다 자중자애해야 하거늘, 어찌 감히 고구려의 하늘이신 대왕께 반역하여 멸족의 길로 몰고 갔단 말인가?

당시 나는 자결로 그 책임을 져야 하는가 싶을 정도로 몹시 두려운 나날을 보내야 했다. 대왕께서 나를 보러 오지 않는 날이 길어질수록 하루하루 조바심을 내며 천지신명께 기도를 올려야 했다. 목숨을 구원해달라는 기도가 아니었다. 그분의 마음을 잃을까, 그분이 나를 버리실까, 그것이 가장 두려웠다.

다행히 천지신명께서 나를 도우신 걸까? 대왕께서는 나를 차마 내치지 않으셨다. 내 앞에서는 그 일을 전혀 언급하지 않으셨다. 그것만으로도 황공하고 송구할 따름이었다.

그런 큰 은혜를 입은 나였기에 대왕의 갑작스러운 승하를 목도한 순간, 억장이 무너지는 슬픔에 숨을 쉴 수조차 없었다. 내가 이 외로운 구중궁궐에서 누굴 믿고 살아왔는가. 그는 내게 어떤 존재였는가. 순간, 나도 따라 죽어야 한다는 생각이 들었다. 그것만이 대왕께서 내게 주신 은애에 보답하는 길이라고 여겼다.

하지만 나는 그리 하지 못했다. 그때 주마등처럼 떠오르는 얼굴들이 있었다. 나를 그 누구보다 사랑하신 나의 아버지, 열 달간 배앓이를 하다가 사경을 헤매면서 나를 낳아 금이야 옥이야 아껴주신 어머니, 그리고 내 소중한 형제의 얼굴이었다. 내 어깨에 짊어지고 있는 것은 그뿐만이 아니었다. 무엇보다 부족의 절멸을 막아야 했다. 모두 내가 지켜내야 할 사람들이었다. 이는 옳고 그름의 문제가 아니었다. 목숨이 아까워서도 아니었다.

내 사람들 모두의 목숨 줄이 달려 있는 상황에서 나는 결단을 내려야 했다. 나의 죽음이 내 선에서 끝나는 것이 아니라는 의미였으니, 나는 분연히 일어설 수밖에 없었다. 지켜내야 하는 것이 있는 사람은 그토록 강해질 수밖에 없다는 사실을 그때 처음 알았다. 그래서 살 방도를 찾아 나선 것이다. 그리고 선택한 사람이 대왕의 둘째 아우인 연우님이었다.

고국천왕의 첫째 아우인 발기는 부덕한 인물이었다. 강퍅하고 어리석어 도성안의 누구도 그를 따르지 않았다. 어질지 못한 그런 자가 왕위에 오른다면 이 나라는 도탄에 빠질 것이고, 나 또한 외척이 지은 과거의 죄가 빌미가 되어 사가로 쫓겨나거나 사약을 받을 수도 있었다. 그래서 더욱이 그가 아닌, 그의 아우 연우님을 선택한 것에 대해 나는 지금도 후회하지 않는다. 어쩌면 어비류와 좌가려의 난만 아니었어도, 그로 인해 연나부의 몰락이 목전에 있지 않았던들, 그런 큰 모험은 하지 않았을지도 모른다. 더하여 대를 이을 아들만 있었어도 그렇게 무모한 행동은 하지 않아도 되었을 것이다. 할 필요도 없었을 것이다.

다행히 연우님은 태어날 때부터 태조대왕의 모습을

닮았다 하여 '위궁'이라고 불릴 정도로 왕의 재목으로서 부족함이 없는 분이셨다. 현명하고 식견이 높을 뿐 아니라, 거만하지 않고 친절하셨다. 그런 그가 후녀를 만나기 전까지 나 외의 그 누구도 후비로 삼지 않았던 것만 보더라도 나를 얼마나 아껴주셨는지 충분히 알 수 있다.

그러나 그는 고구려의 왕이었다. 대를 이을 아들을 바랐다. 은근히 꿈 이야기를 빙자하여 신하들에게 후궁을 천거해 주기를 바라는 언질을 한 바도 있었다. 을파소가 산상왕의 꿈 이야기를 곧이곧대로 듣고 후궁을 세웠더라면 그때 이미 다른 후궁이 생겼을 수도 있다. 산상왕께서 마음만 먹었더라면 아들이 태어날 때까지 수많은 후궁을 들여 내가 당연히 받아야 할 영광을 모두 빼앗아 갈 수도 있었다.

물론 후녀를 만난 것은 산상왕 자신의 의지였다. 교체를 잡아준 상서로운 계집을 만나기 위해 왕이 직접 그 집에 행차하여 그녀를 품에 안았다. 그렇게 정식으로 후궁을 들이지 않고, 사가의 여인을 찾아가 품었다는 사실에 나는 큰 충격을 받고 말았다. 어쩌면 죽이고 싶도록 미운 것은 후녀가 아닌, 믿음을 깨 버린 임금에 대한 분노였을 것이다. 그렇다고 어찌 왕에게 화를 낼 수 있겠는가? 그래서 후녀를 죽이라고 명하였던 것일 뿐, 회임하였다는 사실을 알고 나서는 더는 위협하지 않았다. 그것이 정실이 지켜야 할 최소한의 도리라고 여겼기 때문이다.

그렇다. 나도 여인인 게다. 은애하는 사내를 독점하고 싶고 그 사람의 아이를 생산하고 싶은 보통의 여인인 게다. 하늘이 내게 그런 보통의 여인에게 주어지는, 당연하고도 기본적인 능력을 내리셨다면 얼마나 좋았을까?

나는 오랜 세월에 걸쳐 세 분의 왕을 모셨다. 용맹무쌍하고 지혜로워 나라를 크게 일으켰던 고국천왕, 태평성대에 나라의 안정을 도모했던 산상왕, 그리고 관인하고 신하들을 아낄 줄 알며 위나라의 침입에 맞서 굳건히 나라를 지켜낸 동천왕까지. 나의 왕, 내가 선택한 왕, 내가 키운 왕의 시대에 나의 티끌만한 노고가 어찌 세 분 폐하의 노고에 비할 수 있겠는가. 하나, 이 나라의 왕후로서, 태후로서 그분들을 모시고 고구려 부흥을 함께 도모하였음은 분명한 일이다.

또한 용종을 잉태하지 못했다는 사실만으로도 송구스러웠기에 폐하의 통치에 누가 되지 않도록 연나부를 동원하여 온 마음을 다하였다. 고국천왕께서 한나라군을 맞아 싸울 때도 나의 부족 연나부가 그를 도와 대승을 거둘 수 있도록 군사적·물질적 지원을 아끼지 않았다. 산상왕이 발기를 제치고 왕위에 오르는 과정에서도 연나부는 발기와 요동군을 상대하는 최전선에 섰다. 그러한 공이 인정되어 연나부가 살아남을 수 있었고, 내가 다시금 왕후 자리에 오를 수 있었다.

동천왕 또한 마찬가지다. 내 친아들은 아니지만, 그를 왕의 재목으로 키우기 위해 최선을 다했다. 고구려 대왕 자리에 걸맞은 자질을 갖추도록 학문과 예법, 검술, 기마술까지 최고의 스승들을 모셔 그를 가르치게 하였다. 애민하는 군주가 되라고 매섭게 다그치기도 하였고, 그의 성장을 확인하기 위하여 무리한 시험을 하기도 하였다. 이 모든 것은 훌륭한 왕을 만들기 위한 나름의 노력이라고 이해해 주면 좋을 것이다.

누구는 내가 동천왕을 시험한 행위에 대해서 "본처가

계자에게 행한 심술이다"라는 험담을 늘어놓기도 하였다. 그러나 분명한 것은 내게 다른 마음이 없었다는 사실이다. 그가 왕의 재목으로 마땅한지, 비천한 어미의 피를 이어받아 혹여라도 천박한 사고를 하고 있지는 않은지, 만백성을 품어야 할 군주로서의 품위와 자애로운 인성을 갖추고 있는지, 그래서 이 나라를 부강하게 만들 수 있을지를 확인하기 위해서였다.

다행히 동천왕은 천한 어미가 아닌, 고귀한 아비의 성정을 타고 난 덕에 자애롭고 백성을 위할 줄 알았다. 용포에 국을 엎은 시녀를 내치지 않았고, 갈기 없는 말을 안타까워했다. 이를 전해들은 나는 '이제 되었다. 고구려의 왕이 되실 자격이 충분하다.' 하고 안심할 수 있었다. 그리고 동천왕의 즉위를 진심으로 축하해 주었다. 그것이 나의 진심이었다.

다만, 이렇게 임종을 맞게 되니 내가 지금까지 잘 살아왔는지 뒤돌아보게 되는구나. 가장 후회스러운 일은 고국천왕을 끝까지 따라가지 못했다는 점이다. 죽어 그분을 다시 뵙는다면 무어라 변명해야 좋을지 막막하기만 하구나.

그래서 더더욱 산상왕의 무덤 곁에 나를 묻어 달라고 하였다. 아무리 취수혼의 관습이 있다 할지라도, 대왕께서 나를 살려주신 은혜와 의를 생각한다면 내 목숨이 역사에 짓밟히더라도 조용히 감내해야 했을지도 모른다. 그 부분에 대해서만큼은 떳떳하지 못했음을 시인하는 바다. 그저 이 모든 일이 개인적인 사욕이라기보다는 나라의 혼란을 막고 일족을 살리겠다는 일념에서 벌어진 일임을 이해해 주었으면 하고 바랄 뿐이다.

아, 숨쉬기가 버겁구나. 이제는 모든 사념을 갈무리할 시간이다. 위대한 태왕의 나라 고구려여, 나의 뼈와 살이 진토 되어 이 나라의 거름이 된다면 더할 나위가 없으리라. 그게 나의 바람이자, 생전에 누린 영광에 대한 보답일지니…….

후기

왕후 우씨는 우리나라 역사상 두 차례나 왕후 자리에 오른 유일한 인물이다. 그렇다고 딱히 어떤 정치적 업적이 있었는가, 기록에 없으니 물으면 무어라 말할 수는 없다. 유교의 나라 조선과는 전혀 색깔이 다르나, 고대 삼국 중에서 남성적인 성향이 가장 강하고 전쟁을 치러내야 하는 남성의 권위가 더욱 컸던 기마국 고구려. 여성이 왕좌에 오를 수 없는 남성 중심의 사회에서 자신의 소신을 다해 목숨을 건 배팅을 한 매우 이례적인 인물이었다는 점에서 첫 번째 특별함을 찾을 수 있을 것이다.

명림답부로 인해 권세를 누리게 된 연나부 출신으로, 고국천왕의 왕후가 되었다가 스스로 다음 왕을 간택하여 산상왕을 즉위시켰으며, 동천왕을 모자람 없는 왕재로 키웠던 그녀의 영향력이 당시에 얼마나 대단했을지 미루어 짐작할 수 있는 부분이다.

간혹 『삼국사기』 고국천왕 조의 "비(妃) 우씨를 왕후로 삼으니……"라는 부분을 들어 그녀가 고국천왕의 부왕인 신대왕 대에도 왕의 계비였을 것이라고 주장하는 사람도 있다. 삼대에 걸쳐 왕후 자리에 있었다는 의미다. 그러나 '비'라는 칭호는 꼭 왕의 비뿐 아니라, 태자의 아내 또한 '비' 또는 '빈'이라고 하였지 않은가. 즉, 우씨는 고국천왕이 태자 시절 이미 그의 비였던 것으로 해석할 수도 있기에 억측 같은 3대에 걸친 왕후설에 대해서는 다루지 않았다.

여하튼 고구려 시대에 역사적으로 이렇다 할 만한 여성 인물에 대한 기록이 매우 적은 만큼 우씨왕후는 고구려 건국에 일조한 소서노 이후, 고구려의 대표적인 여장부로 손꼽을 수 있겠다.

어쩌다 보니 일송북에서 발간한 '한국 인물 500 총서'에서 『나는 소서노다』에 이어 천추태후, 우씨왕후까지 여성 인물들만 다루어 책을 내었다. 끌리는 바가 있어 시작했을 뿐, 결코 어떤 사명감이 있었던 것은 아니다. 페미니즘적인 사고는 더더욱 아니다. 그럼에도 곰곰이 생각해보니 나를 매혹시킨 세 인물에게는 공통점이 있다는 사실을 알게 되었다. 절대 권력자의 왕후였다는 점, 당대에 왕을 세울 정도로 큰 영향력을 행사한 여걸이었다는 점, 그리고 절체절명의 위기나 역경에도 굴하지 않는 강인한 면모를 드러내었던 인물이라는 점이다.

이 나이 먹도록 철딱서니 없고, 성정이 경솔하기까지 한 나와는 사뭇 다른 인물들이기에, 어쩌면 세상의 유리벽을 깨고 불굴의 의지로 삶을 개척해나가는 인간상으로서 놀라운 그들의 기개를 닮고 싶었는지도 모른다.

우씨왕후의 선택처럼 나는 그 어떤 위기의 순간에 빠른 판단력과 과감한 결단력으로 내가 취할 수 있는, 아니 예상치 못한 반전을 통해 역경을 기회로 전환하고 최선의 성과를 끌어낼 수 있을까? 좌절하고 포기하며 무너지는 삶을 겨우겨우 부지하고 살아왔던 것은 아니었을까? 이것이야말로 위인과 범인의 차이인 걸까?

사실은 굴곡이 많은 인생이라 여겼었는데 그 대부분

이 내게 필연적으로 주어진 운명이었고, 나의 선택이었다. 또한 그 선택이 항상 올바르고 결과가 좋았던 것만은 아니었다는 생각이 든다. 삶을 기승전결로 따졌을 때, 처음 내가 태어나 주어진 것들이 '기'요, 내가 개떡 같든 소떡 같든 걸어온 길이 '승'이요, 살아오면서 여러 굴곡을 겪고 선택하고 헤쳐 나가거나 좌절을 겪는 과정이 '전'이라고 한다면, 그로 인해 내게 주어진 '어머니'라는 이름, '작가'라는 직업, 오랜 지인들과의 관계, 내 삶의 질 등이 아마 '결'이라고 할 수 있을 것이다. 다만, 결과의 좋고 나쁨, 옳고 그름을 따지는 것보다 이를 받아들이는 것 모두 생각하기 나름이라는 것을 깨달은 것 또한 얼마 되지 않는다.

앞으로의 다짐은 자신이 보아도 부실하기만 한 인간이지만, 하나뿐인 나를 사랑하는 사람이 되겠다는 것이다. 또한 나를 사랑하고 아끼는 사람들, 모두에게 감사하며 행복을 나누는 삶을 살려고 한다.

2025년 지독하게 뜨거운 여름 어느 날
윤선미

참고 문헌

『삼국사기』, 김부식 지음, 이영도 역주, 을유문화사, 2004년.

『후한서』 동이열전 고구려, 국사편찬위원회, 한국사 총설 DB, 중국 정사 조선전.

『한원』 고려기, 동북아 역사넷, 여주 한원 번이부 고려기.

『삼국지』 「위서」 동이전 고구려 조, 진수 지음. 플루라이트 작성, 「한국사 교재론」.

『용재총화』, 성현 지음, 김남이 외 옮김, (주)휴머니스트 출판그룹, 2015년

『인물로 보는 고구려사』 中 '왕을 선택한 우씨왕후', 김용만, 창해, 2001년.

『우리가 몰랐던 고구려사』, 정재수, 신아출판사, 2024년.

논문 「고구려 왕후 우씨 서사에 나타난 주체되기와 리더십의 문제」, 정경민, 2016년.

논문 「『후한서』 고구려전에 나타난 태조대왕의 몰년 문제」, 김성현, 2021년.

논문 「고구려 초기 형수와의 혼인이 빚어낸 갈등 양상」, 신경득, 2008년.

한국 인물 500인 선정위원회 (가나다 순)

위원장: 양성우(시인, 前 한국간행물윤리위원장)

위원: 고은주(소설가), 권태현(소설가, 출판평론가), 김문주(소설가), 김상구(해양대 교수, 행정학), 김종근(前 홍익대 교수, 미술평론가), 김준혁(한신대 교수, 역사), 김태성(前 11기계화사단장), 박병규(민화협 상임집행위원장), 박상하(소설가), 박선욱(작가), 배재국(해양대 교수, 수학), 심상균(KB국민은행 금융노동조합연대회의 위원장), 오세훈(씨알의 소리 편집위원), 오영숙(前 세종대학교 총장, 영어학), 윤명철(前 동국대 교수, 역사), 윤선미(소설가), 이경식(작가, 번역가), 이경철(前 중앙일보 문화부장, 문학평론가), 이덕수(시민운동가, 시인), 이덕일(순천향대 교수, 역사), 이동순(영남대 명예교수, 시인), 이순원(소설가), 이종걸(이회영기념사업회장), 이종문(계명대 명예교수, 시조시인), 이중기(농민시인), 장동훈(前 KTV 사장, SBS 북경특파원), 최명규(뉴스인미디어 대표이사), 하만택(코리아아르츠그룹 대표, 성악가), 하응백(前 경희대 교수, 문학평론가)

한민족의 정체성을 만든 인물들을 통해, 삶의 지혜와 미래의 길을 연다.

고대 배달 민족의 얼인 고대 동아시아 지배자

나는 이다

대동 세상을 열려는 너희 본디 마음이 나 치우다

"나는 천산산맥 넘어 해 뜨는 밝은 곳을 향해 내려와 신시 배달국을 열었다. 너도 하느님 나도 하느님, 너도 왕이고 나도 왕이니 서로서로 섬기는 대동 세상 터를 닦고 넓혀왔다. 하여 뭇 생명이 즐겁고 이롭게 어우러지는 세상을 열려는 너희 본디 마음이 곧 나일지니."
- 치우천황이 독자에게 -

이경철 지음 l 값 14,800원

근세 현모양처의 대명사인 한 여성의 삶과 꿈

나는 이다

많이 알려졌어도 실제 내 삶을 아는 사람은 드물구나

"나만큼 많이 알려진 인물도 없다. 그러나 나만큼 제대로 알려지지 않은 인물도 없다. 율곡의 어머니, 겨레의 어머니, 현모양처의 모범과 교육의 어머니로 많이 알려졌어도 실제 내 삶이 어떠했는지 아는 사람은 거의 없다. 나는 내 삶을 바르게 살고 싶었을 뿐이다."
- 사임당이 독자에게 -

이순원 지음 l 값 14,800원

근대 지킬 것은 굳게 지킨 성인군자 보수의 표상

나는 다

'완전한 인간'을 위한 자기 단련의 길이 나 퇴계다

"나는 책이 닳도록 수백 번을 읽었다. 그랬더니 글이 차츰 눈에 뜨였다. 주자도 반복해서 독서하라고 이르지 않았던가? 다른 사람이 한 번 읽어서 알면, 나는 열 번을 읽는다. 다른 사람이 열 번 읽어서 알게 된다면, 나는 천 번을 읽었다."
- 퇴계가 독자에게 -

박상하 지음 l 값 14,800원

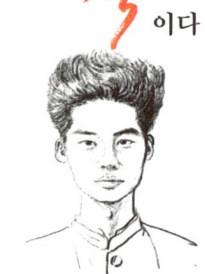

근대 삼한갑족 노블레스 오블리주의 대명사

나는  이다

**동서고금을 통해 해방운동이나
혁명운동은 자유와 평등을 추구하는 운동이었다.**

"한 민족의 독립운동은 그 민족의 해방과 자유의 탈환을 뜻한
이런 독립운동은 운동 자체가 해방과 자유를 의미한다.
태고로부터 연면히 내려온 인간성의
본능은 선한 것이다."
- 이회영이 독자에게 -

이덕일 지음 | 값 14,800원

근대 육성으로 직접 들려주는 독립군의 장군 일대기

나는  다

**내가 오지 말았어야 할 곳을 왔네,
나를 지금 당장 보내주게**

야 이놈들아, 내가 언제 내 흉상을 세워 달라 했었나.
왜 너희 마음대로 세워놓고, 또 그걸 철거한다고 이 난리인가
내가 오지 말았어야 할 곳을 왔네. 나를 지금 당장 보내주게.
원래 묻혔던 곳으로 돌려보내주게.
나는 어서 되돌아가고 싶네.
- 홍범도가 독자에게 -

이동순 지음 | 값 14,800원

고대 신화가 아니라 실제했던 한겨레의 국조

나는  이다

**서로 잘 어우러져 하나가 되는
홍익인간 공공사회를 일구었노라**

"나는 임금이 되어 우리 거레를 홍익인간의 삶으로 이끌려 애썼
그러면서도 자연의 원리에서 떠나지 않으려 했다.
융통성을 바탕으로, 공동체를 사안에 따라 매우
유연하고도 능란하게 운영하려고 했다. 반란과 대홍수를
이겨내고 모두 하나가 되는 공공사회를 일구었노라."
- 단군왕검이 독자에게 -

박선식 지음 | 값 14,800원

근세 여성 최초 상인 재벌과 재산의 사회 환원

가난을 돌이킬 수 없는 수치로 여겨라

나는 **김만덕** 이다

어진 사람이 나랏일에 간여하다가도 절개를 위해 죽는 것이나,
선비가 바위 동굴에 은거하면서도 세상에 이름을
떨치게 되는 건, 결국 자기완성이 아니겠느냐.
여성의 몸으로 내가 상인으로 나선 이유도
이와 다르지 않다."
- 김만덕이 독자에게 -

박상하 지음 | 값 14,800원

고대 민족의 고대사를 개창한 건국 여제

내가 바로 고구려, 백제를 건국한 왕이다

나는 **소서노** 다

"나는 졸본부여의 왕재로 태어나, 추모와 함께 고구려를
건국하였으며 다시 두 아들과 함께 남하하여 백제를 건국하였다.
역사서에 나를 일컬어 왕이라 하지 않았으나,
엄연히 나라를 개창하여 백성들을 위한 정치를 펼쳤으니
더 이상 나의 존재를 부정할 수 없으리라."
- 소서노가 독자에게 -

윤선미 지음 | 값 14,800원

고대 신라의 중흥을 이룬 대장군

위대한 장수는 싸우지 않고 이기는 전투를 한다

나는 **이사부** 다

전장에서 적을 베는 것보다 싸우지 않고 이기는 장수가
지혜로운 장수다. 적국의 백성도 나라를 달리하면
모두 제 나라의 백성이다. 권력을 탐하는 자는
신의를 저버리나 백성은 그저 순리에 따를 뿐이니,
현명한 장수는 백성을 살리는 전투를 한다.
- 이사부가 독자에게 -

김문주 지음 | 값 14,800원

근대 식민지시대 대중문화운동의 진정한 선구자

나는  이다

너희가 '황성옛터'를 아느냐

나라 잃은 시대, 나는 민족 저항의 노래인 '황성옛터'
한 곡으로 겨레의 영혼에 불을 지폈다.
그 불이 꺼지지 않고 오늘에 이르렀다.
지금 그 불꽃은 꺼졌는가?
여전히 활활 타고 있는가?
- 왕평이 독자에게 -

이동순 지음 | 값 14,800원

근대 꺾이지 않는 마음으로 행동했던 시인

나는  다

인간다운 삶을 위한 해방,
완전한 독립을 위하여!

"나는 꺾이지 않는 마음이다. 의열단 군관학교 출신의 독립운동
비밀요원으로, 감옥에서 죽어가는 순간에도 시를 썼던 시인으로,
내가 꿈꾸었던 것은 자유롭고 평화로운 세상이었다.
인간다운 삶을 위한 해방, 완전한 독립을
완성하는 것은 이제 그대들의 몫이다."
- 이육사가 독자에게 -

고은주 지음 | 값 14,800원

중세 귀주대첩으로 고려를 구한 구국의 영웅

나는  이다

11세기 동북아의 국제질서를 뒤흔들어놓은 귀주대첩

"거란의 2차 침입 때 대신들이 항복을 말했지만
나는 항복은 안 된다고 외쳐 위기를 넘겼다. 동북면병마사,
서경유수로 재직하면서 거란의 재침에 철저히 대비한
나는 거란의 3차 침입 때 귀주 벌판에서 적을 전멸시켰다.
고려는 막강한 저력을 바탕으로 거란, 송나라와
대등한 외교를 펼치며 평화를 누렸다."
- 강감찬이 독자에게 -

박선욱 지음 | 값 14,800원

현대 대한민국 현대사의 격랑 속에서 소설이 된 사람

증오는 사랑과 연민이 되고, 나는 결국 소설이 되었다

나는 **박완서** 다

"나의 인생과 소설에 담긴 역시를 비러뵈주면 좋겠다.
내 안의 '양반 의식', '아줌마 정신',
'빨갱이 트라우마'를 온전히 바라봐주면 좋겠다.
그렇게 나를 기억해주면 좋겠다."
- 박완서가 독자에게 -

이경식 지음 | 값 14,800원

중세 고려의 자주국 수호를 천명한 여걸

자주국 고려의 위상은 내가 지킨다

나는 **천추태후** 다

"'나의 고려가 외국에 사대하는 것을 원치 않았다. 성종이
내놓은 고려의 위상을 반드시 되돌려 놓아야 한다고
다짐했다. 그것이 태조 왕건의 유조에 따라
고려가 자주국이자 황제국으로서, 세상 그 어떤 나라도
넘보지 못할 대국으로 거듭날 수 있는 유일한 방법이라
여겼으니 이것이 내가 목종을 대신하여 섭정한 이유다."
- 천추태후가 독자에게 -

윤선미 지음 | 값 14,800원

단체 | 분야별 조선왕조 5백 년을 이끈 5대 명문가의 이야기

집안이 어려워도 낙담해선 안 되고 공부가 쓸모없다고 관두어서도 안 된다

나는 **삼한갑족** 이다

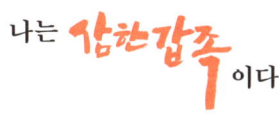

딱한 처지에 놓일지라도 민망하게 여기지 않고,
귀한 신분에 올랐음에도 교만하지 않을 뿐더러,
참혹한 화를 당해도 위축되거나
운명에 흔들려선 안 된다.
- '삼한갑족'이 독자에게 -

박상하 지음 | 값 14,800원

중세 한 역사가의 발자취를 따라 걷는 시간 여행

나는 *일연* 이다

기울어진 고대사의 운동장
나 일연이 바로잡고 싶었다

"내가 『삼국사기』를 살펴보니 유교적 합리사관과 모화적
사대사관 등으로 우리 고대사의 운동장이 한쪽으로 크게
기울어져 있음을 알 수 있었다. 나는 이와 같은 고대사의
편향성을 바로 잡기 위해 수십 년에 걸친 각고의 노력을 기울인
끝에 『삼국유사』를 편찬하였다."
- 일연이 독자에게

-이종문 지음 | 값 14,800원

고대 두 번의 왕후 자리로 고구려에 승부수를 던지다

나는 *우씨왕후* 다

나는 세 명의 왕을 모신 왕후이자 태후였다

무릇 왕이란 하늘이 내리는 자리라고 했다.
내가 산상왕을 택한 것은 하늘이 가납한 것이니,
그 대를 이은 왕들이 우리 역사상
가장 위대한 고구려를 만든 것이야말로
나의 공적이라 할 수 있을 것이다.
- 우씨왕후가 독자에게 -

윤선미 지음 | 값 14,800원